2022 年安徽财经大学科研项目（ACKYC22052）；安徽省自然科学基金项目（2108085QG297）；安徽省高校教育质量工程"四新"研究与改革实践项目（2021sx005）；2022 年度安徽高校科学研究重点项目（心理资本视角下的重大建设工程创行为涌现机理及激发策略）

系统集成商视角建设工程项目
管理知识系统涌现研究

袁瑞佳　钱应苗　著

中国财经出版传媒集团

经济科学出版社
Economic Science Press

图书在版编目（CIP）数据

系统集成商视角建设工程项目管理知识系统涌现研究 /
袁瑞佳，钱应苗著 . —— 北京：经济科学出版社，
2022. 10
ISBN 978 - 7 - 5218 - 4064 - 3

Ⅰ. ①系⋯　Ⅱ. ①袁⋯　②钱⋯　Ⅲ. ①基本建设项目
- 工程项目管理 - 研究　Ⅳ. ①F284

中国版本图书馆 CIP 数据核字（2022）第 182319 号

责任编辑：白留杰　杨晓莹
责任校对：齐　杰
责任印制：张佳裕

系统集成商视角建设工程项目管理知识系统涌现研究
袁瑞佳　钱应苗　著
经济科学出版社出版、发行　新华书店经销
社址：北京市海淀区阜成路甲 28 号　邮编：100142
教材分社电话：010 - 88191309　发行部电话：010 - 88191522
网址：www. esp. com. cn
电子邮件：bailiujie518@ 126. com
天猫网店：经济科学出版社旗舰店
网址：http://jjkxcbs. tmall. com
北京密兴印刷有限公司印装
710 × 1000　16 开　12. 25 印张　210000 字
2022 年 10 月第 1 版　2022 年 10 月第 1 次印刷
ISBN 978 - 7 - 5218 - 4064 - 3　定价：56. 00 元
（图书出现印装问题，本社负责调换。电话：010 - 88191510）
（版权所有　侵权必究　打击盗版　举报热线：010 - 88191661
QQ：2242791300　营销中心电话：010 - 88191537
电子邮箱：dbts@ esp. com. cn）

前　言

　　京沪高速铁路、港珠澳大桥等一批具有代表性的建设工程已成为中国工程建造的新名片。这些举世瞩目巨大成就的取得，离不开建设工程项目管理支撑，并扎根工程实践情境，创造新的建设工程项目管理知识，保障建设工程顺利实施。同时，从系统集成商视角，不难发现建设工程项目管理参建单位所拥有的知识交织在一起，涌现出具有优势互补的知识系统。研究该系统涌现过程中动因、涌现动力学模型及系统混沌分析等内容，对提升系统集成商的建设工程项目管理水平与绩效具有较强的理论意义与现实价值。鉴于此，本书基于建设工程项目管理知识、知识系统、系统集成商等核心概念界定，依据工程知识论、复杂适应性系统理论、涌现理论、系统动力学等相关基础理论，围绕"建设工程项目管理知识系统与系统涌现现象是什么、该系统涌现过程中动力因素有哪些、动力因素如何作用于该系统、面向涌现过程中系统出现混沌状态及如何控制"等四个关键科学问题开展深入研究，主要的研究结论如下：

　　（1）明晰建设工程项目管理知识系统是由知识主体、知识本体、知识物质载体等关键要素组成，分析系统功能，提出系统架构；探索建设工程项目管理知识系统涌现现象，分析该系统涌现条件与动因、路径与结果，构建建设工程项目管理知识系统涌现概念模型。

　　（2）基于文献梳理与访谈调研，运用扎根理论和问卷样本分析方法，识别建设工程项目管理知识系统涌现过程的动力因素，从组织、管理及环境等不同维度，提炼动力因素共8个，涉及49个具体测量题项。

　　（3）以建设工程项目管理知识系统绩效为结果变量，借助结构方程模型，探索建设工程项目管理知识系统涌现的影响机理，再结合系统动力学仿真模型验证，不难发现较其他因素的作用下，组织结构、组织间关系、知识管理技术资源投入等关键因素对知识系统绩效的影响更为敏感。

　　（4）基于混沌理论，依托虫口模型及 Matlab 软件，构建建设工程项目管理知识系统涌现过程模型。并模拟该系统涌现过程，生成建设工程项目管理知识系统涌现过程图，刻画系统内部非线性因素对建设工程项目管理知识系统涌现的综合作用，深入揭示建设工程项目管理知识系统涌现初级阶段、成长阶段、成熟与更新阶段等三个阶段。并剖析涌现过程中系统可能出现混沌状态，构建混沌控制模型，通过调节参数知识创造率，探索建设工程项目管理知识系统混沌控制措施。

编者

2022 年 9 月

目　录

第1章　绪　论

第2章　相关理论基础

第3章　建设工程项目管理知识系统架构与涌现概念模型构建

第8章　研究结论与展望

第1章 绪 论

本章从现实与理论层面，分析研究背景，提出研究命题，明晰论文研究目标，提出研究意义。阐释建设工程项目管理知识、管理知识系统等核心概念，开展知识系统与系统涌现文献研究，设计本书总体研究方案，包括研究内容概况、研究方法阐述、技术路线分析及实施基础支撑等方面。

1.1 研究背景与问题提出

1.1.1 现实背景

（1）知识时代的建设工程知识创造引领建设工程项目管理理论发展。经济合作与发展组织（OECD）于1996年编制并刊发题为《以知识为基础的经济》的报告，带来了"知识经济"时代（李京文，1999；张守一，葛新权，2010），引起国内外学者对知识经济与价值研究的热潮。知识经济是在知识生产、分配及有效使用过程中所产生的经济效益。而知识价值的关键在于知识创造与应用，知识创造在人类社会发展进程中起到引领性作用，这离不开知识"无限性拓展"的特点与优势（郑黎星，2012）。与经济系统中的原材料、资本、劳动力等资源相比，知识摒弃这些资源所具有的有限性、唯一性及排他性等特点，以"无限性拓展"的本质优点，不断创造衍生更高阶知识，推动科技进步，引发人类生存方式、生活方式的重大变革（李京文，1999；张守一，葛新权，2010）。其无限性拓展的特点体现在知识可在同一时间被多人拥有、反复运用，且在使用中，与其他异质性知识产生链接，进而相互渗透与转化，实现知识创造与增值，引领人类社会不断进步与发展。同样，在建设工程项目管理理论发展过程中，知识创造引领作用尤为突出。工程实践情境为其项目管理新理论、新方法及新技术等新知识创造提供沃土，且形成的新知识又反作用于建设工程项目管理实践，实现建设工程项目管理知识在经济、社会、环境等效应的增值，为建设工程项目管理理论发展奠定坚实的知识价值基础（车春鹏，2006）。

（2）建设工程项目管理知识系统是持续推动建设工程项目成功实施的关键。从本质上来讲，建设工程项目实施与管控过程是知识学习获取、积累存储、共享传播及创造应用的过程（李蕾，2007）。鉴于建设工程项目情境独特性、过程一次性、组织灵活与开放性等特点，推动建设工程项目管理知识创新，涉及建设工程项目参建主体知识的协同创造与应用。然而，现有建设工程项目管理实践过程中，更侧重于预期工程目标的实现，尚未完全重视建设工程项目管理过程中创新性知识的积累与再运用。尤其是在项目竣工完成后，该项目实施过程中管理人才积累的各种宝贵经验与知识，均伴随建设工程项目组织解散而流动，未能将其珍贵的隐性知识进一步系统地社会化、显性化，服务于今后的同类型建设工程项目管理过程，从而造成知识资源浪费与项目管理成本的增加（李蕾，2007）。为此，建设工程项目管理知识系统的构建，为其管理过程中形成的、可移植改造的"共性知识"与创新性的"个性知识"提供持续使用的机会与平台，有助于推动同类或类似项目的建设实施与管控过程降本提质，促进建设工程顺利实施，提升整体管理水平。建设工程项目管理知识系统所积累的宝贵知识，也为工程建设的管理方针、纲领、原则等大局性问题，提供新思路、新方法，对今后建设工程项目管理具有启发与借鉴作用。

1.1.2　理论背景

（1）工程知识论是研究建设工程项目管理知识的哲学指导。21世纪初，工程哲学的兴起与发展，诞生工程知识论，使其成为与科学知识论相提并论的分支理论。工程知识论是以工程知识为研究对象，聚焦于工程知识本性与内涵、知识形成过程、功能特征及发展规律等关键问题，所形成的新研究领域。立足于哲学高度剖析工程知识的内涵，明晰工程知识是人类知识总量中数量最庞大、内容最丰富、功能最"现实"的构建人工物理世界的核心知识之一，是"本位性"知识而非"派生性"知识（殷瑞钰，2020；李伯聪，成素梅，2011），理应作为一个独立的哲学概念和理论概念体系被提出（Walter

G.，1990）。同时，工程知识是具有科学、技术、人文、社会等维度的多元性、多样性、复杂的知识类型（邓波，罗丽，2009）。这也决定工程知识要转化为产生经济、社会、环境效益的生产力需要科学合理的转化机制，还需要处理好与科研机构、企业等工程知识主体的关系（邓波，贺凯，2007）。总之，工程知识论探索工程知识的内在哲学性，对工程知识进行整体性、概括性、综合性的理论研究与升华，并从不同视角，总结凝练工程知识类型，有助于指导建设工程项目管理知识的研究，为科学把握建设工程项目管理知识系统提供哲学指导与思路。

（2）复杂系统科学是研究建设工程项目管理知识的重要视角。现代工程技术、管理及要素的复杂性，催生系统科学学科。复杂系统科学是对系统的内在构成、组织架构、信息流动、控制机制等进行解析的，且对任一"系统"的研究均具有普世价值的一整套科学研究方法与手段（魏峰，2016）。一般复杂系统科学应用于实际问题时，既可基于行业视角如农业系统、航天系统等开展研究，又可基于共性对象如物质、知识、信息、能源等分别研究。同时，通过统筹协同各种原本相互对立或分离的范畴，如定性与定量研究，宏观与微观，科学与经验，自然与社会科学，以及人与机器等，有助于高效解决开放的复杂巨系统中的复杂问题（欧阳权聪，2012）。建设工程项目管理知识是多学科、跨领域知识的融合创造体，是贯穿整个建设工程项目实施过程的技术知识、科学知识、人文知识等知识的总称，具有多层次、跨组织、多子任务知识集群的特点（殷瑞钰，2020）。从复杂系统科学视角，不难发现建设工程项目管理知识本身是一个庞大的复杂知识体系，而知识生产、传播、利用与创新过程又形成复杂的知识管理系统（王众托，2000）。为此，有必要系统全面地分析建设工程项目管理知识主体、本体结构及载体等内容，以推动知识创造更多价值。总之，复杂系统科学思想为具体的知识系统构建，提供了整体性、开放性、多层次、方法论层面的思维引导，以及系统科学方法、工具体系。

1.1.3　问题提出

中国工程项目管理的发展，离不开我国大规模建设工程项目实践，确切地说得益于我国大规模建设工程项目实践中管理模式、方法、技术等知识的学习与总结。多年来我国在航天、水利枢纽、高铁、桥梁等重大工程建设上成就斐然。例如，青藏铁路工程取得一系列具有普世推广意义的开创性成果。在技术创新管理上攻克"多年冻土、高寒缺氧、生态脆弱"三大世界难题；组织管理上，建立公益性铁路工程的项目法人责任制；目标管理上，确定"质量、安全、环保、工期与投资"五大目标体系等（孙永福，2006）。基于港珠澳大桥岛隧工程项目管理，形成以"风险驱动、品质至上、以人为本"的岛隧建设项目管理纲领（丰静等，2020）。中国载人航天工程"勇于创新、团结协作、爱国奉献"文化管理思想，持续引导创新创造。在一大批建设工程项目管理实景中，工程师与项目管理人员反思与总结以往工程项目管理经验教训，探索项目管理活动内在逻辑，为建设工程项目管理知识系统理论的形成提供广阔的"沃土"。

然而具体的建设工程项目管理知识，虽是伴随着建设工程项目管理活动存在并发展，被工程师、项目管理人员等所拥有并运用，但对其本质特性和发展规律等认识依旧匮乏，需进一步的整体性、概括性、系统性开展理论研究与升华。此外，"知识经济时代"下建设工程项目管理知识实践价值成为构建建设工程项目管理知识系统的现实需求，工程知识论和复杂系统科学思想为知识系统的构建提供研究思路与方法的指导。基于此，本书以知识经济时代为背景，以工程知识论为理论指导，根植于建设工程项目实践沃土，基于复杂适应性系统理论，从系统集成商的视角开展建设工程项目管理知识系统涌现研究，分析建设工程项目管理知识系统与系统涌现现象是什么、该系统涌现过程中动力因素有哪些、动力因素如何作用于该系统、面向涌现过程中系统出现的混沌状态及如何控制等关键科学问题，对提升系统集成商的建设工程项目管理水平具有较强的理论意义与现实价值。

1.2　研究目标及研究意义

1.2.1　研究目标

本书总体目标是从系统集成商视角，开展建设工程项目管理知识系统涌现研究。依据工程知识论、复杂适应性系统理论等理论基础，基于文献综述与问卷调研，构建建设工程项目管理知识系统框架，分析该知识系统涌现现象，探索建设工程项目管理知识系统涌现动力因素，建立建设工程项目管理知识系统涌现动力学模型。并从系统混沌特性方面，分析面向涌现过程的建设工程项目管理知识系统出现混沌状态及控制。旨在回答"建设工程项目管理知识系统与系统涌现现象是什么、该系统涌现过程中动力因素有哪些、动力因素如何作用于该系统、面向涌现过程中系统出现的混沌状态及如何控制"等4个关键科学问题。具体研究目标如下：

（1）基于建设工程项目管理知识系统定义与构成的解析，创建建设工程项目管理知识系统架构。并进一步分析建设工程项目管理知识系统涌现现象，从该系统涌现条件、动因、路径及结果等维度，构建建设工程项目管理知识系统涌现模型，旨在回答建设工程项目管理知识系统与系统涌现现象是什么。

（2）基于文献梳理与现场调研，从组织因素、管理因素及环境因素等方面识别、提炼建设工程项目管理知识系统涌现的动力因素，旨在回答建设工程项目管理知识系统涌现过程中动力因素有哪些。

（3）基于系统动力学理论，构建建设工程项目管理知识系统涌现动力学模型，分析建设工程项目管理知识系统涌现过程中动力因素间的因果关系，探索各动力因素对建设工程项目管理知识系统涌现的作用规律，旨在回答动力因素如何作用于建设工程项目管理知识系统。

（4）基于混沌理论，分析建设工程项目管理知识系统的混沌特性，探究建设工程项目管理知识系统在涌现过程中系统出现的混沌状态及控制，旨在回答面向涌现过程中系统出现的混沌状态及如何控制。

1.2.2　研究意义

（1）理论意义。

第一，拓宽建设工程项目管理知识的研究视角。基于文献梳理发现，建设工程项目管理知识研究成为学术界关注重点，然已有研究从工程哲学视角，研究工程知识，形成工程知识论等具有代表性的成果。针对建设工程项目管理知识系统的研究尚未开展。为此，本书根植于建设工程项目管理实际情境，从系统集成商的视角出发，创建建设工程项目管理知识系统架构，为进一步推进建设工程项目管理知识系统研究提供理论指导。

第二，为知识系统涌现研究提供思路与方法借鉴。以系统涌现现象分析为切入点，阐释该现象的表征、系统涌现条件、动因、路径及结果等内容，构建知识系统涌现模型，并重点分析系统涌现动力因素，构建建设工程项目管理知识系统涌现动力学模型，揭示建设工程项目管理知识系统涌现规律。同时，从系统混沌视角，探索面向涌现过程中的知识系统出现混沌状态发生条件与混沌控制。该思路与方法不仅适合于建设工程项目管理领域知识系统，也为研究其他环境下的组织知识系统提供思路与方法借鉴。

（2）现实意义。

第一，有助于丰富建设工程项目管理知识存量，进一步推动管理知识在建设工程项目管理实践中的应用。近年来，我国建设工程项目管理实践成果显著，一批批重大建设工程建成，凸显了建设工程项目管理知识的工程化应用。为深入推进管理知识工程化显著效应，本书构建建设工程项目管理知识系统架构，有助于深化参建单位对建设工程项目管理知识的认识与应用。

第二，有助于提升建设工程项目管理整体水平。依托文献梳理、项目调研分析数据，借助扎根理论，辨识建设工程项目管理知识系统涌现的动力因素，探索建设工程项目管理知识系统涌现的动力学模型，有利于建设工程项目管理参建单位从宏观层面掌握知识系统涌现动力学规律及方向，促进知识系统涌现动力因素与管理实践对接，有效指导建设工程项目管理知识的流动与创造，对提升我国建设工程项目管理整体水平具有现实意义。

1.3　核心概念与研究现状

1.3.1　核心概念

本书从系统集成商视角，扎根于建设工程项目管理实践情境，基于工程知识论、复杂适应性系统理论、涌现理论及系统动力学理论等，开展建设工程项目管理知识系统涌现研究，所涉及的核心概念有建设工程项目管理、建设工程项目管理知识、知识系统、系统集成商等。

（1）建设工程项目管理。

第一，工程管理的定义。2006 年，中国工程院咨询项目《我国工程管理科学发展现状研究》报告中，工程管理是以工程预期目标的实现为导向，以工程项目为载体，通过人力、物力、财力等资源整合与有效利用，开展项目决策与计划、组织、协调与控制等系列活动。2012 年，美国工程管理学会（ACEM）将工程管理界定为一种科学与艺术，强调是对工程技术活动科学计划、合理组织、有效分配资源及控制的科学与艺术（Hiral Shah，2012）。以上中外权威定义均从工程管理职能方面阐释，属于一维定义。2017 年，何继善院士从职能、过程、要素三维，再加上哲学的概括，构成工程管理的四维定义。指出工程管理涉及工程、社会、自然等诸多方面，具有复杂性、系统性、综合性特点，是关于工程活动中人的地位与作用，人与人、人与工程、工程与社会、工程与自然的关系和互动的科学、技术与艺术（何继善，2017）。

需进一步说明的是，虽然工程管理最先应用于土木工程领域，但是，随着时代的发展和变化，工程管理的内涵及其涉及的范围明显增大。工程管理领域不仅涉及对重大建设工程过程中的管理，而且还包含对复杂产品、设备从开发到生产中的管理，以及对技术创新、改造的管理，对产业、工程的发展与战略布局进行的管理等（何继善等，2005）。

第二，项目管理的定义。项目管理是一种系统管理方法，以项目为对象，通过组织对项目进行的一系列管理活动，包括计划、组织、协调、控制等，以实现项目的目标（汪应洛，2013）。它作为一种新的管理方式、新的管理学科被大量而成功地应用于工程管理。工程项目管理的相关研究应运而生，同时提出了工程项目管理的概念。英国皇家特许建造学会提出"工程项目管理是对一个工程项目从开始到结束的整体管理，包括计划、控制和协调，使整个项目不仅符合规定的质量、工期以及费用要求，还要满足业主所提出的要求"。《中国工程项目管理知识体系》也对工程项目管理进行了定义。指出工程项目管理是为了实现项目目标，即在规定的时限和费用里达到规定的功能和质量，采用的一些系统的理论和方法，进行的一系列有效、全面、科学的管理，发挥计划、组织、控制、监督等职能的作用。工程项目管理的对象是整个工程项目，包括设计项目管理、建设项目管理、施工项目管理等（《中国工程项目管理知识体系》编委会，2003）。此外，工程项目管理存在以下特点：特定一次性任务管理；一种多层次目标管理方式；将管理对象作为一个系统进行管理；通过临时性、柔性组织进行管理，并且组织能够发挥协调控制等职能；涉及多种专业内容，包括工程项目各个方面的管理，例如战略管理、风险管理、目标管理等。

第三，建设工程项目管理的界定。结合上述分析，对本书所提及的建设工程项目管理的理解如下：①建设工程项目管理隶属工程管理范畴。其中，建设工程一般指能够满足人类生活和生产需要的建筑物和工程设施。根据自然属性进行划分可分为三类：建筑工程、土木工程以及机电工程（全国二级建造师执业资格考试用书编写委员会，2012）。②当工程管理的对象是一个特定的建设项目时，建设工程项目管理是运用项目管理原理、手段等对建设工程的全过程实施的管理。③建设工程项目管理极其复杂。在管理过程中，强调个人与组织的创造、协调、控制、应变等能力。运用系统的思维与方法开展建设项目论证、建造和运行等工作，涉及基础学科知识、项目管理专业知识及工程管理专业知识等多学科知识交叉融合。

（2）建设工程项目管理知识。

第一，知识定义与分类。

①知识的定义。探明建设工程项目管理知识的内涵有助于明晰建设工程项目管理知识系统架构，而解析建设工程项目管理知识的前提是了解一般知识学的问题，涉及知识的本体论、认识论、价值论等。其中，知识本体论，即回答"什么是知识"，弄清知识的本质及结构是知识研究的逻辑起点。

什么是"知识"，人们从不同视角对它有不同的解释。知识的定义有很多，比较经典的有：《马克思主义哲学大辞典》认为，知识是人类认识的成果或结晶，包括经验知识和理论知识。《辞海》认为，知识来源于社会实践，是人类的认识成果。其意识形态可分为两种：初级形态是经验知识，高级形态是系统科学理论。《韦伯斯特词典》认为，知识是人类通过实践活动获取的有关客观事物的性质和运动规律的认识，是对科学、艺术和技术的理解，是人类获得关于真理和原理的认识的总和。《现代汉语词典》中则定义知识是在现实社会中，人类在进行改造客观自然物的实践中形成的认知与获取的经验；古希腊哲学家柏拉图认为，知识不是单纯地对问题的陈述，而是经过人的思考和辨识所提炼出的陈述，故知识的获取必定包含着挖掘、提炼以及验证。1988年，我国科技领导小组办公室在报告中对知识经济中的知识进行了定义并指出，通过人的思考所生成社会的符号化产物，例如信息、意识、价值标准等，包含科学技术知识、人文社会科学知识、生活工作学习中的经验知识、获取运用创造知识的知识以及判断和处理问题的知识。

为了更好地理解知识的本质，还需理解数据（data）、信息（information）和知识（knowledge）等概念之间的辩证关系。新西兰林肯大学的尼尔·佛雷米曾说过，数据的组合不等于信息；信息的组合不等于知识；知识的组合不等于智慧；智慧的组合不等于知识（Peter Dracker，1993）。可见，知识与信息、数据是不同的概念，但又有着内在相关性。关于数据、信息、知识的定义："数据"是对客观事实或事物加以记录的某种符号，可以被表达为数字、词句、图像等，其未经过组织，原始且离散（李家鸽，2005）。"信息"是有意义的数据，其对数据进行过排列和处理，可以理解为具有结构性、关联性的数据（彼得·德鲁克，2006）；"知识"是依赖于人的、用于生产的、有价值的信息，它往往与行为相伴而生，并根植于特定情境中得以运用、升华（郭庆等，2015）；后来又有学者指出在"知识"之上，还有更高层次的"智慧"。"智慧"是复杂系统，由智力体系、知识体系、方法体系等子系统构成（马关生等，2013），反映人类对知识的综合应用能力，即人类运用掌握的知识解决实际问题或者为有关组织、部门提供决策依据或具体解决方案。关于数据、信息、知识、智慧之间的关系：一方面，"数据"经过整理、提炼进而上升为"信息"；"信息"再加工并应用于生产生活，转化为"知识"。这一过程依赖于人对数据与信息的认知及理解（Raimo Nurmi，1998）；"知识"进一步升华为"智慧"。另一方面，"智慧"引领"知识"深化与更新；"知识"指导"信息""数据"的挖掘、加工与处理。从本质上讲，数据、信息、知识、智慧之间既相互区别，逐层上升，也是不断螺旋变化的、循环往复的转换过程（见图1-1）。

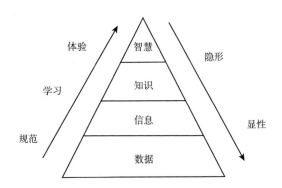

图1-1　数据、信息、知识和智慧关系

　　结合众多经典定义以及知识与数据、信息、智慧的概念区分与逻辑关系阐述，笔者对知识的理解如下：知识是人类在与客观事物互动的实践活动中获取、提炼、总结、归纳的认知与经验的结晶，是揭示事实、规律、原理的认知，最终用于人类生产、生活；知识是经过提炼的信息，不断强化的技能，建立并不断发展完善的规则、方法、模型、器物；知识的形成依赖于人，需要特定的认知对象、认知动机以及认知能力。

　　②知识的分类。知识的定义是知识内涵的确定；知识分类则是对知识外

延的确定。知识分类的划分标准有很多，根据本书需要，仅阐述以下几种分类标准：

基于知识所处不同层次结构的角度，将知识分为个人知识和组织知识。其一，个人知识强调个人从长期学习、生活和工作实践中积累的能力、信息、技能等的总和，而这一积累过程使得个人的知识储备得以不断更新发展，且会与个人的阅历、特长、偏好、能力等息息相关；其二，组织知识是建立与发展于组织中的，组织所拥有的知识，并且随着组织成员之间的交流互动呈现流动的状态。它不仅存储于组织文件、信息存储系统中，体现为组织所获得的产品、技术、专利、组织制度、管理规章等，还渗入到组织的目标、计划、愿景、文化、组织成员的思维模式、共同行为准则与管理当中。组织知识虽然源于组织内的个人知识，但组织知识的更新与创造，很大程度上受到组织系统的结构、行为规则等影响。两类型知识间具有互为因果、互为前提、相互作用、相互转化的整体联系（李春娟，2015）。

基于知识表述清晰度与转移效率的角度，将知识分为显性知识和隐性知识。这一分类方法由波兰尼提出。他指出可以用语言、文字等记录并传播的知识是显性知识，表现为可表达性及可编码性，且易于存储、加工、传播、共享，如书籍、报纸、杂志、文件、光碟、数据信息库等；而隐性知识是那些蕴藏在个体认知中，深植于行动、规则、价值观、情感和特殊情境中，难以正式表达与共享的知识。一般表现为特有的经验感悟、技术方法、企业文化、组织惯例等（Raimo Nurmi，1998）。当然，二者并不是一成不变、界限明确的。有学者对知识转化进行深入研究，其中，野中郁次郎教授的 SECI 模型普遍受到学术界认可。SECI 模型通过剖析显、隐性知识间的转化具有社会化、外化、组合与内化等四种特性，深入探讨了组织这一系统的知识创造与更新过程（Ikujiro Nonaka，1995）。

基于知识效用与知识起源的角度，可将知识分为理论型知识与专业应用型知识。知识缘于生活、生产需要，如今专业应用知识绝大部分由社会自然分工而被分类形成。英国知名科学史家丹皮尔（Dampier）强调，常识性知识与工艺型知识的规范化和标准化，是实用科学起源最牢靠、最扎实的基础（丹皮尔，2001）。目前有很多学科也来源于对现实生活的关注，例如几何学源于土地勘探和测量；化学源于冶金工业和印染工业的发展；力学从建筑和军事技术发展而来（欧内斯特·内格尔，2002）。这一分类是从动态的视角看待知识，把知识看成一个不断变化的动态体，并聚焦于知识的创新、共享、应用这些动态过程（陈洪澜，2007）。

第二，建设工程项目管理知识。①建设工程项目管理知识的定义。"建设工程项目管理知识"的内涵，既具有"知识"这一一般性概念的特性，又是对"建设工程项目管理活动"的综合性概括。因此，依据本书对建设工程项目管理、知识的界定与理解，"建设工程项目管理知识"是建设工程项目管理活动相关从业者在长期实践活动中，发现、积累、梳理、总结、升华、创造而成的有关建设工程项目管理的概念、原理、方法、规律等的集合。

首先，在建设工程项目管理实践中，建设工程项目管理知识表征为构建的建筑物，组织掌握的技术、专利、制度等，从业者或管理者经验的积累、技术与能力提升，存在于组织文件、数据库与信息管理系统中，嵌入到建设工程项目管理计划、目标、流程、愿景中；其次，建设工程项目管理知识融合了以工程知识、工程管理知识、项目管理知识为主导的多学科知识；再次，建设工程项目管理知识能够提供方法、技术手段等促进建设工程项目管理活动的实现；最后，建设工程项目管理知识来源于实践，在实践中接受检验并不断更新与发展。而实践脱离不开人的主观能动性，建设工程项目管理知识的创造、更新与发展需要更多地关注相关从业者与组织的发展。

②建设工程项目管理知识的分类。基于知识分类标准的阐述，建设工程项目管理知识具体分类情况描述如下：

从知识所处不同层次结构看，可分为个体性知识（相关从业者知识）和群体性知识（建筑企业知识、建设工程项目管理组织知识）。两类知识存在相互补充与转化的内在关系。

从知识表述清晰度与转移效率看，可分为显性知识和隐性知识。建设工程项目管理中的显性知识是指构筑物、建设工程项目管理过程中形成的各类文档、专利、方案及规章制度等；隐性知识是指建设工程项目建设与管理中形成的工艺技巧、管理经验、项目组织文化及氛围等。显性知识是项目组织内部有效、畅通交流与协作的基础；而隐性知识是项目组织内部创造性和丰富性思维及行为的来源。

从知识效用与知识起源角度，建设工程项目管理知识可分为原理型知识、应用型知识与人文型知识。这些类别的知识分别在建设工程项目管理过程中承担不同角色、发挥不同功效，但又共同促进工程实践中组织内部协作。其中，建设工程项目管理知识原理型知识指工程经济知识；应用型知识则涵盖工程规划、决策、设计、施工（建造）、运行与维护、（后）评估等管理流程中的知识；人文型知识则涉及工程管理过程中文化、社会、经济、政治、伦理等知识。

（3）建设工程项目管理知识系统。

第一，知识管理。知识管理活动起源较早，然而其作为一种理论体系发展并不早，萌芽出现于20世纪50年代，80年代后才慢慢形成（查尔斯·德普雷等，2004）。知识管理对于不同学科的学者而言有着不同的理解，学者们在研究知识管理时往往融入自身学科的理论及方法，以致于出现许多不同研究范式。现代知识管理研究中，从组织管理（人文）、信息技术（技术）视角，产生知识管理的二元研究范式，并得到国内外学者的普遍认可（Gloet & Berrell，2003；Hazlett et al.，2005；张勤等，2007；孙晓宁等，2014）。其中，信息技术范式下，蒋日富等（2006）也认为知识管理主要是对信息的管理。研究主要致力于运用信息技术、人工智能、数据技术等开发知识管理系统，使得知识管理活动程序化，促进知识管理效率的提升，帮助管理者更好地开展决策，提升组织的核心竞争力；乌家培（1998，1999）认为，知识管理源于信息管理，同时也是信息管理的延伸。组织管理范式下，知识管理是围绕对人的管理展开，侧重研究个人或组织的知识活动、技能、能力与行为等。法拉普罗（1995）认为，知识管理是指通过个人、集体和组织的努力与智慧能够适应并应对社会环境变化的能力，以及能够开展创新创造活动的能力。盛小平引用有关学者（David J. Skyrme）的观点，提出知识管理是对知识及其全过程的系统管理，包括知识的获取、集成、应用、传播、共享、更新等过程。它可以把个人知识转化为组织中都可以使用的团队知识。

随着知识管理学科研究的发展，有学者发现信息技术范式和组织管理范式出现融合。由此，知识管理的概念进一步延伸丰富（盛小平，2002）。左美云（2000）认为，知识管理不仅仅是对人和信息的管理，还包括人和信息之间关系的管理；知识管理应当把人的创新能力与信息的处理能力结合起来，以此增强组织的环境适应性。阮菊红（2007）指出，知识管理不仅仅是对知识的管理，同时也包括对人的管理。知识管理能够将信息与信息、人与信息等联系起来组成知识网络，促进知识共享。同时，促进组织结构改变，出现"知识工作者"，促使团队完成任务，实现双赢战略。邱均平等（1999）强调，知识管理是能够实现人、技术以及过程结合的一种有效管理手段，进而有效地将组织结构中的信息转化为给企业带来利益和价值的知识财富。知识管理是一种方式，文化、生活或做事的方式。

　　虽然，知识管理的概念仍未得到统一界定，但可看到在"信息技术"与"组织管理"二元范式融合下，对现代知识管理的内涵达成一致认识：知识管理应当实现信息与技术、人与组织、管理过程与活动等管理的有机统一，从而使得知识能够共享与增值，促进个人或组织的发展。

　　第二，知识系统。如何将知识管理中的人、技术、管理有机结合，是知识管理研究中需要探寻的问题。王众托（1999）认为知识管理是跨学科且高度复杂的，其同时具有技术和人文两种属性，并不断交互作用。如果仅按照一条主线进行研究，也可得到某一具体过程的成果，但无法从总体上进行把握。因此，应当采取系统的思想和方法进行综合研究。采用系统的思想和方法从整体上进行分析和研究，能够全面、深入地将各因素及它们之间的相互影响考虑进去。特别是由于现代系统科学及系统工程的繁荣发展，可以将它们的研究思路和方法运用在知识管理系统中，作为研究知识管理的有力武器。由此，越来越多学者开始研究知识管理系统。

　　知识系统是知识与系统两个词组的名词性组合。其中，知识是通过改造世界的实践活动所获得的经验和认识；系统是系统内部不同要素间彼此依赖与相互作用所产生的具备特定功能的有机整体（姜璐，2011）。根据系统工程的观点，系统存在以下特点：要素与要素、要素与整体、整体与环境之间都存在着有机联系；系统具有整体性、层次性以及环境适应性（王众托，1991）。

　　关于知识系统的内涵界定，业界尚未形成清晰一致的认识，学者们从不同层面或视角对知识系统概念进行剖析。从产业集群视角，宋昱雯等（2007）认为虚拟产业集群知识系统是虚拟产业集群内部知识存流量及其相关组织等要素的有机组成。虚拟产业集群知识是其整个商业过程所涉及的隐性、显性知识及知识载体的总和，并强调知识载体间交互，以及载体与其技术间的相互作用。从企业视角，寿涌毅等（2009）指出企业内部知识系统因涉及不同部门与成员，是一个企业内部网络知识系统，且企业与企业间的知识互动，拓展了企业内部网络知识系统，形成了更为复杂的企业网络知识系统。从复杂产品研发组织视角，王林林（2011）基于该组织知识管理的特性，构建并解构由知识本体、活动及要素等组成的知识系统模型。

　　最后，王众托（2000）综合有关学者的观点，结合其工程认知，立足于系统工程的视角，从知识系统的界定、功能、结构等方面再次梳理、归纳总结"知识系统"这一概念的本质内涵：其一，知识系统构成要素至少应当从知识本身、拥有知识的人以及知识物质载体等 3 个维度考虑，并应强调其是各要素间相互作用而形成的有机整体。其二，其整体功能是支持知识主体的存在和发展。其三，知识系统会发生变化。通过知识主体的学习与积累，会产生知识创新行为，知识系统也会不断更新与发展，同时这也是提高知识主体（个体或组织）应变能力的关键。其四，知识系统的运行根据系统的类型不同而各有特点，一般涉及知识辨识、知识掌握、知识选择、知识保存、知识分享、知识应用、生成新知识等阶段。其五，值得强调的是，本书所指知识系统，其含义与内容要比组织或企业中基于知识的信息技术、管理技术、智能技术、网络技术的管理系统宽泛得多。后者是前者的子系统（王众托，2000）。

第三，建设工程项目管理知识系统。结合上述建设工程项目管理、建设工程项目管理知识、知识系统等概念，本书试图从系统科学的视角出发，阐述建设工程项目管理知识系统的定义与解析其内涵如下：建设工程项目管理知识系统是一个动态复杂系统，以解决工程相关的系列问题为导向，根植于建设工程项目管理活动，由知识主体所固有的各类知识以及它们之间的联系构成，强调系统各要素之间的交互作用，目的是实现知识的高效利用，促进建设工程项目管理知识溢出，获得效益。

首先，建设工程项目管理知识系统概念源于知识管理学科研究——信息技术范式与组织关联范式融合下对知识管理提出新要求，即用系统、全面的观点实施对信息与技术、人与组织、过程与活动等有机的、综合的管理。其次，建设工程项目管理知识系统应当包含知识主体、知识本体、知识物质载体等要素。其次，知识主体是指业主方、设计单位、施工单位、分包商、供应商、中介咨询单位、高校科研院所及政府有关部门等单位；知识本体是指建设工程项目管理活动中涵盖的所有知识类型；知识物质载体包括符号载体与物化载体。基于信息技术、数据技术、人工智能技术等现代科学技术的知识管理平台是重要的知识载体，能够更好地实现知识的获取、整合、共享与创新。最后，建设工程项目管理具有涉及主体众多、知识跨学科、管理高度复杂等特点，建设工程项目管理知识系统属于一种跨组织复杂适应性系统，具有自组织学习功能，可解决各种复杂工程问题。

（4）系统集成商。系统集成商（system integrator）这一概念源于复杂系统的研究，众多学者从不同的研究视角对其进行了界定。基于复杂产品系统视角，复杂产品系统（complex product and system，CoPS）是指研发成本高、规模大、技术含量高、单件或小批量生产的大型产品或系统（Mike Hobday et al.，2000）。通常由多个部件构成，系统结构复杂且非线性，界面复杂多样，内嵌模块多，并且各模块多需定制、产品开发周期长。其结构复杂、功能复合，故需要大量的技术和知识，以及跨学科知识的融合。复杂产品系统由系统集成商提供（闫华锋等，2016）。基于控制和信息系统视角，控制和信息系统集成商协会（CSIA）把系统集成商解释成独立的、增值的一个工程机构。其工作领域涉及工业控制与信息反馈系统、工业制造与执行系统、工厂自动化系统等范围，且 CSIA 机构及其成员应具备如设计、安装、调试以及营销等相应知识与专项技能，能够为数据采集、过程控制、管理监督以及机器人技术等各种项目提供产品及系统集成服务。基于自动化系统的视角，"自动化系统集成商导则"中指出自动化系统集成商必须是可以为用户提供设计、建造、安装与调试，由多个组成部分构成的自动化系统服务的公司。

　　基于上述对不同系统集成商的概念阐述，对系统集成商的一般性认识总结如下：系统集成商是指具备一定资质，能够实现系统集成，为客户提供系统集成产品与服务的企业或机构。建设工程项目建设具有一次性、开发周期长、管理复杂、参建单位众多等特点，因而决定建设工程项目知识系统所涵盖的技术、知识十分广泛，涉及大量跨学科知识的交互和融合、众多跨专业、跨部门参与方的交流与协作。如何有效地运用这一知识系统，实现建设工程项目的增值提效，亟须多主体知识集成创新与应用。基于此，在本书引入"系统集成商"的概念。根据建设工程传统的承发包模式，业主与各参建单位间存在紧密联系，形成建设工程项目管理组织。本书所涉及的系统集成商是以业主方为主导、多主体参与的建设工程项目管理集成组织，熟悉建筑行业发展动态，具有资源整合、知识创造与系统集成能力，为建设工程项目管理活动提供系统集成知识服务与指导。

1.3.2　知识系统与系统涌现研究现状

（1）知识系统涌现研究现状。

　　第一，知识系统定义与分类。鉴于知识系统是复杂且抽象的，学术界尚未对其开展纯理论研究，往往将其赋予某具体对象来开展。根据具体对象来分，知识系统可分为单个组织的知识系统与跨组织的知识系统。其中对单个组织系统的研究表现为企业知识系统研究；跨组织知识系统研究主要涉及产学研组织知识系统、供应链组织知识系统等。如下将对不同类别的知识系统开展文献综述研究。

第二，企业知识系统。①企业知识系统界定。刘秋岭等（2006）指出企业知识系统内外部存在知识创造与知识流动，形成知识链条，加快知识的创造、流动与共享，实现知识价值，并且整个系统会根据外部环境不断更新。司云波等（2009）从宏观和微观两个层面对知识系统进行划分，从宏观层面来说是指国家或地区的知识系统；从微观层面来说是指组织的知识系统，包括企业知识系统。企业知识系统是一种对企业知识进行整合的网络系统。寿涌毅、汪洁（2009）强调知识系统是一种包含多种要素的复杂网络系统，包括知识、知识活动等。企业知识系统不仅包括企业内部知识系统，还包括企业网络知识系统。涉及主体较多，也更为复杂。刘闲月等（2012）指出集群中的知识资源、知识活动以及其他要素构成集群知识系统。只有通过知识创新对系统中的要素进行重新整合、创造新知识，加快知识流动，才能够促进集群知识系统升级。

②企业知识系统构建。因为企业知识系统具有复杂性的特征，所以可以根据复杂性理论来分析企业知识系统的情况，为构建企业知识系统模型提供参考。李海波等（2006）认为知识系统包含多种要素，且各要素之间存在多种关系，是一种复杂适应系统。并基于复杂适应系统理论开展一系列工作探究知识主体的复杂性，构建知识系统主体模型。赵坤等（2007）指出现阶段知识型企业更注重对于知识员工隐形知识的挖掘。通过开放与系统内外部交互实现知识创新与利用，形成知识型企业知识状态系统。这个过程是自组织的，会自发向知识密集和知识创新增强方向发展。孙锐等（2008）对此开展进一步研究。从系统在知识治理中所遇到的困难出发，探究知识型企业知识状态系统的演变，构建知识治理模型，为解决系统中知识治理问题提供新的办法。王珊珊（2011）基于系统工程理论解析企业技术知识系统内涵，深入研究系统结构以及各要素关系，并且采用具体实例来详细描述企业技术知识系统的构建过程。胡绪华等（2015）在对集群知识系统进行理论分析后，构建模型探讨政府参与对集群知识系统中新创知识的推广及运用产生的作用。研究发现政府积极的政策能够促进新创知识的应用，推动集群知识系统升级。

③企业知识系统影响因素。已有学者从企业组织结构与企业文化视角探寻企业知识系统影响因素。从组织结构视角，陆小成（2009）指出建立企业组织建构机制如扁平化组织、学习型组织等，有助于促进企业知识链形成、信息和知识的流动及共享，增强知识传播效率。李国恩（2013）强调隐性知识的重要性，提出企业要重构组织结构，往扁平式组织结构发展，并且建立

相应的知识管理部门，完善知识共享机制，促进企业知识尤其是隐性知识的流动和共享。从企业文化视角，葛红岩（2010）对长三角制造业企业进行实证研究，得出企业文化对于企业技术创新具有重要的正向作用，并且精神文化比物质文化和制度文化更具有驱动作用的结论。企业若建立知识共享文化氛围，企业员工在这种共享文化氛围的烘托下，会提高知识共享的意愿，促进员工间的知识共享。阿登费尔特等（Adenfelt et al.，2006）对跨国案例进行研究，发现组织文化在推动知识创造、知识流动及知识共享方面扮演着重要角色。

第三，供应链知识系统。①供应链知识分类。有学者依据知识在供应链上不同环节的作用对供应链知识进行分类，主要有技术性知识、制度性知识以及客户知识（张鹏，2016）。技术性知识是指帮助供应链企业研发产品、生产制作、创新管理的科学知识与技术知识，它能够提高企业生产能力和服务水平。在不同的环节技术性知识包含的内容不同。例如在企业的生产环节就包含产品属性、产品生产工艺等；而在销售环节则包含销售技巧、售后服务等。制度性知识就是指供应链企业长期以来用于整合不同环节、不同部分，以此来实现目标的知识。在经历长久的磨合、发展后，最终会形成既定的工作程序，保证企业供应链运转正常。其中就包括生产流程以及流程中的各个知识因素，例如产品库存、产品订单等。而客户知识就是指供应链企业所要了解的市场需求、客户心理、性格、消费习惯、服务期待等（林琨等，2010）。

②供应链知识特征。供应链知识的特征包括分散性、互补性、异质性和专有性。其中，a. 分散性：由于供应链上包含很多企业，有材料供应商、制造商、产品销售商等，这些企业分属不同领域，因此内部员工也拥有不同专业、不同领域、不同学科的知识，知识分布广、杂且分散。b. 互补性：供应链企业属于既有分工又有合作的企业集群。各种信息、资源、知识、技术也在相互合作中共享，企业各取所需，形成互补关系。c. 异质性：供应链中各个企业在发展目标、工作环境、生产流程、规章制度、企业文化等层面存在较大差异。每个企业的知识系统或体系也不相同，存在知识异质性。面对知识异质性所导致的冲突，需要彼此兼容，合理规避。d. 专有性：由于供应链上各个企业具有专业化分工，所以知识的需求和积累在各个企业是不同的。有可能某个知识资源是一部分企业所需，价值较高，但在另一部分企业中需求不高，价值也不高，这也就表现出知识具有专有性（付金龙等，2011）。

③供应链知识系统影响因素。已有学者通过理论推演与案例研究方法，

探究影响供应链知识系统的因素。理论推演是基于科学理论提出一般影响因素，具有先导作用；而案例研究会得到更充分更详细的信息，可以进一步扩充影响因素的范围。a. 理论推演。洛佩兹等（Lopez et al., 2010）提出信息过量可能会对供应链知识创造产生不利影响。哈雷等（Halley et al., 2010）认为在供应链网络中，企业的基础设施和组织结构对于知识管理具有关键作用。吴（2008）指出影响供应链知识创造的因素有知识存量、企业能力、企业间的关系、文化氛围、组织结构、技术水平等。b. 案例研究。西班牙中小型企业所构成的供应链提出，可以通过建立企业间的同盟关系来提高彼此的信任，加强沟通、交流与合作，共同创造新的知识（Capo-Vicedo, 2011）。吴（2008）在对中国台湾两家 IT 公司进行研究后，指出知识的转换过程受组织内部管理、供应商关系管理以及顾客关系管理正向影响。组织内部管理包括组织发展目标、文化氛围、技术水平等；供应商关系管理包括资质审查、合作评价、文件管理等；客户关系管理包括了解客户需求、沟通交流、售后服务等。吴冰、刘仲英（2007）以丰田供应链为例，强调供应链中各成员应当打破边界壁垒，建立友好合作关系，促进知识流动、共享以及交互，使得供应链知识创造能够形成好的循环。

第四，产学研知识系统。国内外学者大多从影响因素方面对产学研知识系统进行研究，主要包括主体因素、客体因素、情境因素和媒介因素。主体因素包括产学研参与知识系统的意愿（何铮等，2012）、产学研参与知识系统的能力（张力等，2009）以及产学研各自的知识存量（张秀萍等，2011）；客体因素包括产学研知识的异质性、复杂性和嵌入性等。吴想等（2009）通过研究发现一些客体因素，例如产学研知识的复杂性、模糊性和嵌入性，对于产学研知识系统也会造成很大影响；情境因素主要包括社会环境因素和组织情境因素。社会环境因素指的是产学研关系网络，而组织情境因素指的是产学研之间的信任关系、文化氛围、知识距离等（潘永乐，2015）；媒介因素包括物质媒介、虚拟媒介、交互媒介等。此外，还有一些因素会对产学研知识系统造成影响。例如，潘美娟（2016）从社会网络分析视角对于影响产学研知识系统的因素进行识别和概括，发现产学研知识主体所在的网络结构、网络密度以及网络位置等都会影响产学研知识系统；徐国东等（2011）也指出产学研合作主体的网络能力对于知识转移具有显著正向影响，这也进一步促进产学研知识系统发展。

（2）系统涌现研究现状。西蒙（Simon，1962）提出"涌现"概念，并将其与系统演化、系统复杂性、系统层次性等特性融合，分析系统结构演化与涌现现象间的关系。米汉（Meehan，1969）的《一般系统论》将"涌现"引入系统科学，提出系统论是整体性学科，是由多要素互动所形成的复杂系统体系，并强调系统涌现是系统整体性特征。当前，国内外学者对系统涌现的研究主要围绕系统涌现机理、系统行为涌现等方面开展研究。

第一，系统涌现机理。威利特（Willette，2014）以国防部采购结构为对象，分析国防采购系统、联合能力开发系统程序间的关系，探索不同军事服务条件是否导致两者间适应紧张的关系，促使新组织结构涌现的原理。刘媛华等（2011）以企业集群创新系统为研究对象，依据涌现理论，借助受限生成过程模型分析该系统的涌现性。详细阐释适应性主体在特定规则下的交互作用与演化过程，强调趋同效应作用下企业集群创新系统各层次的涌现。顾琴轩等（2013）基于社会信息处理理论，构建创造力涌现模型。强调创造力是个体到团体，自下而上的涌现过程，并以 368 名个体与 68 个团队为样本开展实证研究。结果表明团队创造力是个体到团队层面组合的涌现过程。基于人类动态社交互动模式，借助演化加权网络模型，分析社区结构涌现机制是循环闭合的社会互动。通过链接到朋友的朋友和焦点闭合，链接到拥有相似属性或兴趣的个人，以及通过任务处理过程的互动，构建具有本地附件、全局附件和基于优先级的排队过程的网络模型，并结合数值模拟，分析 granovetter 型群落结构的涌现过程玄（Hyun，2011）。

第二，系统行为涌现。袁野（2018）基于股票市场系统，分析股票交易者投资策略受市场环境影响所涌现出股票市场中的集群行为，并运用 Lotka-Volterra 模型，对股票市场系统中的异质性交易者间负责交互关系开展模拟分析。张四平（2019）通过分析复杂资源配置系统，发现大量个体在争夺获取少量有限资源过程中，往往存在资源的非优化配置问题。从而借助少数者博弈模型，分析"羊群"行为控制及复杂资源配置供需系统的鲁棒性，解释复杂系统中资源配置的集体行为涌现现象。田一明等（2016）为控制生产中员工不安全行为，借助涌现理论，提出不安全行为有限生成模型，并借助 Netlogo 软件平台，模拟不同因素对员工不安全行为涌现程度和趋势的影响，为有效抑制行为安全管理系统中员工不安全行为涌现性提供解决方案。邓等（Deng et al.，2020）认为道路交通系统是复杂自适应性系统。利用博弈论与行为经济学理论，分析驾驶员间合作行为涌现过程，探索系统通过合作行为涌现所产生的最优稳定状态。哈拉蒂等（Harati et al.，2021）以社会复杂系统中委托代理问题，利用6种时间差异强化学习算法，分析个体行为规范的涌现过程。研究结果表明，个体感知到的行为成本低，有助于个体行为规范的涌现。

（3）文献简评。针对知识系统的分析，已有文献从企业知识系统、产学研组织知识系统、供应链组织知识系统开展研究，且较为关注知识系统定义、系统框架、特征及影响因素等主题。鲜有学者从系统集成商视角，开展建设工程项目管理知识系统研究。针对系统涌现，已有文献主要围绕系统涌现机理、系统行为涌现等方面开展研究。尚未有学者依据混沌理论，分析系统涌现过程中存在的混沌特性。

鉴于此，本书基于已有研究成果和前期研究基础，提出"建设工程项目管理知识系统涌现研究"命题，分析建设工程项目管理知识系统关键要素、功能及结构，阐释建设工程项目管理知识系统涌现现象。借助扎根理论，识别系统涌现过程中的动力因素，并运用系统动力学方法，分析建设工程项目管理知识系统涌现动力因素间的动态作用。再依据虫口模型，分析面向涌现过程中系统出现的混沌特性，对提升系统集成商的建设工程项目管理水平具有较强的理论意义与现实价值。

1.4　研 究 方 案

1.4.1　研 究 内 容

本书根植于建设工程项目管理实践，基于以业主方为核心的系统集成商视角，分析建设工程项目管理知识系统架构，针对建设工程项目管理知识系统涌现的关键科学问题展开本书的研究。拟研究的主要内容有：

（1）根据研究背景分析，提出研究问题。研究背景主要阐明：知识时代的建设工程知识创造引领建设工程项目管理理论发展；建设工程项目管理知识系统是持续推动建设工程项目成功实施的关键；工程知识论是研究建设工程项目管理知识的哲学指导；复杂系统科学是研究建设工程项目管理知识的重要视角。结合我国建设工程项目伟大实践成就，根植于建设工程项目管理活动的沃土，基于复杂适应性系统理论，从系统集成商的视角开展建设工程项目管理知识系统涌现研究。

（2）建设工程项目管理知识系统及其涌现现象分析是本书研究的重要前

提，也是关键科学问题。在工程知识论、复杂适应性系统理论等基础上，解构建设工程项目管理知识系统的关键要素与功能，构建建设工程项目管理知识系统架构。依据涌现理论，分析该系统涌现现象，提出建设工程项目管理知识系统涌现过程中存在的三大关键科学问题，并构建建设工程项目管理知识系统涌现概念模型。

（3）系统涌现动力因素识别与提炼是建设工程项目管理知识系统涌现研究的关键科学问题。基于文献调研与访谈调研分析，获取扎根理论所需的原始资料。借助扎根理论，初步识别建设工程项目管理知识系统涌现的关键动力因素，包括组织因素、管理因素及环境因素。运用问卷调查方式，编制问卷并发放。根据所获取的问卷样本进行数据分析，确定建设工程项目管理知识系统涌现的动力因素。

（4）建设工程项目管理知识系统涌现动力学模型及仿真分析是本书的核心内容之一，也是关键科学问题。运用系统动力学方法，构建建设工程项目管理知识系统涌现动力学仿真模型。划定仿真系统边界，提出研究基本假设，绘制建设工程项目管理知识系统涌现因果回路图及存量流量图。通过仿真结果，探寻作用于建设工程项目管理知识系统涌现的关键动力因素，预测该系统发展趋势，揭示建设项目管理知识系统涌现过程中各动力因素的作用规律。

（5）建设工程项目管理知识系统混沌分析与控制是开展建设工程项目管理知识系统涌现研究不可或缺的关键科学问题。依据建设工程项目管理知识系统涌现过程的三阶段，分析该系统混沌特性，构建建设工程项目管理知识系统混沌模型与混沌控制模型，并通过数值模拟，阐释建设工程项目管理知识系统出现混沌状态与控制措施。

1.4.2 研究方法

科学方法创新发展，研究方法也层出无穷，成为研究所选择方法工具的源头。本书紧扣"建设工程项目管理知识系统涌现研究"总体目标，结合系统涌现过程中的关键科学问题，选择科学适用的研究方法。具体包括规范分析方法、实证研究与仿真分析方法、数理模型与数值模拟相结合等方法。

（1）规范分析方法。规范分析方法是基于现有的知识与认识，探究所研究事物的本质内涵，对其内在涌现状态进行是非曲直主观价值判断的过程。

针对目前对于建设工程项目管理知识系统架构还缺乏统一、完整表述框架的现状，本书以工程知识论、复杂适应性系统理论等为指导，结合建设工程项目管理实际特点，分析建设工程项目管理知识系统关键要素与组成。同时，结合涌现理论，分析该系统的涌现现象，阐述系统涌现现场的表征，涌现条件与动因，涌现路径与结果等。旨在阐释"建设工程项目管理知识系统是什么？该系统涌现现象是什么？"问题。基于此，本书选择规范分析方法作为研究方法。

（2）实证分析与仿真分析方法。实证分析法，是客观描述某一现象、行为，或活动及其发展规律（于子明，1990）。本书基于文献梳理与访谈调研等实证分析手段，借助扎根理论，从组织因素、管理因素及环境因素等方面识别、提炼建设工程项目管理知识系统涌现的动力因素。再借助系统动力学方法，构建建设工程项目管理知识系统涌现动力学模型，绘制建设工程项目管理知识系统涌现因果回路图及存量流量图，开展模拟仿真分析。针对各变量与知识溢出效益等变量间关系与发展趋势进行预测与诊断，从而揭示建设工程项目管理知识系统涌现规律。

（3）数学模型与数值分析方法。通过分析建设工程项目管理知识系统涌现三阶段过程，结合混沌理论，不难发现建设工程项目管理知识系统混沌特性。运用数学模型方法，构建建设工程项目管理知识系统混沌模型，探索面向涌现过程建设工程项目管理知识系统出现的混沌状态。借助数学模型方法，构建建设工程项目管理知识系统混沌控制模型，进行混沌控制。最后，通过数值分析，模拟建设工程项目管理知识系统涌现过程的三个阶段，以及混沌控制过程。

1.4.3　技术路线

通过研究背景、意义、目标、内容与方法介绍，以研究关键科学问题为导向，以问题提出、解析及解决为科学研究路径，绘制本书技术路线图，如图1-2所示。基于现实与理论背景分析，提出研究命题——建设工程项目管理知识系统涌现研究。通过知识系统架构解析、涌现动力因素识别、涌现动力学模型，以及面向涌现过程的系统混沌分析等关键研究工作，深入分析研究命题，提出问题解决方案与研究结论。

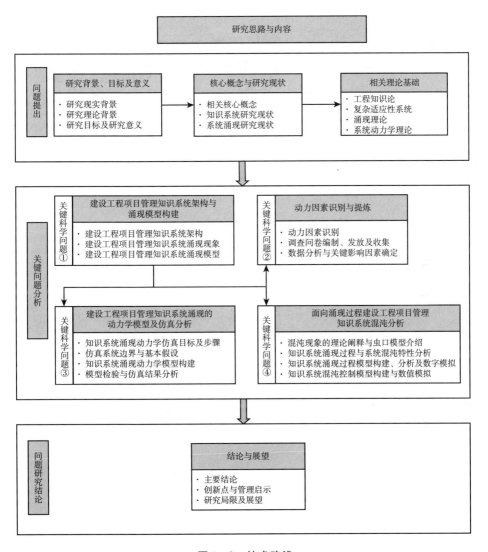

图 1-2　技术路线

1.4.4　实施基础

攻读博士学位期间，笔者系统研读建设工程项目管理、工程哲学、工程知识论等理论，全面收集与梳理有关建设工程项目管理知识系统主题的国内外研究文献，熟练掌握扎根理论、系统动力学、混沌数值模拟等方法应用，均为本书成稿提供了理论指引与方法论支撑。

　　笔者通过学习梳理导师团队已有多项学术研究成果，提炼博士论文选题，并参与博导团队一系列与建设工程项目管理相关的课题研究，如参加国家自然科学基金应急管理项目"大型建筑企业项目群承建与企业成长耦合互动研究"（71440009）和湖南省建设厅咨询项目"互联网＋智慧工地：管理模式、效益和标准"，了解并掌握了建设工程项目管理的相关知识。参与撰写相关著作 1 本，发表相关高水平学术论文 1 篇；参与中国工程院咨询项目"工程知识论——铁路工程知识论案例研究"，熟悉并深入理解了工程哲学、工程知识论等理论知识。参与撰写相关著作 1 本，发表相关高水平论文 2 篇。这些课题研究工作的成功开展为本书的分析与撰写提供了丰富的理论与实践素材。同时，通过参与课题研究，笔者的科研能力得以提升，也使得本书的研究进展顺利。

　　笔者积极参与国内外学术会议交流，参加由中国工程院主办的"中国工程项目管理论坛" 3 次；并有幸获得中南大学境外留学项目资助，访学于奥克兰大学土木工程系，发表 SCI 论文 1 篇。此外，借助中南大学工程项目管理研究中心与湖南省工程项目管理学会两大平台，通过博导研究团队与湖南省内外各铁路局、铁路建设业主、铁路施工单位、城市轨道交通建设业主方、高等科研院校等建立联系。这些学术交流活动与实践平台为本论文开展的实证与仿真研究部分提供了强有力保障。

第2章 相关理论基础

本章主要阐述与建设工程项目管理知识系统涌现研究相关的基础理论，涉及工程知识论、复杂适应性系统理论、涌现理论及系统动力学理论等。工程知识论强调从哲学高度，阐释工程知识基本内涵与本质特征；复杂适应性系统理论认为系统由非线性作用所形成，且主体具有自适应性；涌现理论及系统动力学理论为探索建设工程项目管理知识系统动态发展规律提供支撑。

2.1 工程知识论

2.1.1 工程知识论的发展历程

在人类知识的发展史上，工程知识随人类起源之初就已生成（Harms et al.，2004），然而对工程知识问题的理论研究却起步较晚。直至20世纪初，工程活动频繁，不断渗透到人类生活当中，影响与重构着人们的认知方式与行为模式。国内外学者开始关注工程造物活动并基于哲学视角进行深入探讨，工程哲学思想初步形成，其中也不乏对工程知识的思考和分析。由此"工程知识"理论水平上的认识才逐步形成。

西方工程领域的学者们主要聚焦于技术哲学范畴，对工程实践过程中出现的本体论、认识论等问题展开研究。如工程师兼工程史家沃尔特·文森蒂（2015）基于其自身在航空与航天飞机设计等方面的丰富工程实践经验以及从航空技术史视角对知识的理解，首次将"工程知识"作为一个哲学概念在理论层面提出。并在1990年发表的《工程师知道什么以及他们如何知道——航空历史的分析研究》一文中从飞机设计的案例出发，聚焦于工程设计知识的基本特征，探讨了设计与知识的增长等与工程知识相关的理论问题。"工程知识不同于科学知识，应当将这两类知识分别看待"这一观点普遍得到西方技术哲学派学者的认同。著名学者皮特从技术行动论和知识论角度强调"工程知识是实用主义的、可操作性的"这一哲学思想（张华夏等，2005）。

中国将工程哲学作为独立的研究领域早于西方。2002年，中国哲学教授李伯聪在出版的《工程哲学引论》中正式提出"科学—技术—工程"三元论。由此"工程"成为哲学领域的独立研究对象，技术哲学范畴的工程研究真正向工程哲学领域迈进。随后的20年间，中国工程界、哲学界、实践界的跨界合作，使得中国工程哲学领域研究进展迅速，成果丰硕，逐渐形成了包含以工程本体论为核心的工程—技术—科学三元论、工程方法论、工程知识论、工程演化论等五论组成的工程哲学理论体系。其中，关于工程知识的探讨如下：2005年，在第259次香山科学会议上，李伯聪教授指出，基于工程本体论的探究，工程知识不应是派生性知识，而应作为本位性知识来分析与研究。结合工程实景，工程知识是涵盖工程建设与管理全寿命周期、跨专业、多学科融合的知识，是人类知识总量中内涵最丰富、数量最大的组成部分（杜澄等，2006）；此外，我国最早开展工程知识专题研究的邓波教授强调工程知识有别于科学知识与技术知识，应同时重视其科学技术维度与人文社会维度。2020年，由殷瑞钰院士、李伯聪教授等发表的著作《工程知识论》一书对工程知识的本性与基本特征，工程知识的形成过程、社会功能和发展规律等问题进行了详细阐述，是工程知识论领域理论探索的新里程碑。

2.1.2 技术哲学学派的工程知识论

受技术哲学思想发展浪潮影响，西方工程知识论在吸收、融合了众多学者如莱顿（Layton）的知识技术性思想、史陶登梅尔（Staudenmaier）的技术社会性思想以及波兰尼（Polanyi）的隐性知识思想等经典观点的基础上，逐渐形成以温森蒂（Walter G. Vincenti）、约瑟夫·C. 皮特等的研究为代表的技术哲学视角下的工程知识思想体系（Layton，1974）。

（1）关于工程知识的内涵。技术哲学学派指出，明确科学知识是一种普遍的知识形式，是被发展来解释世界运转方式的（张华夏等，2005）。而工程知识是与科学知识完全不同的知识类型与知识形式，是依赖工程而形成的知识，是依据人的需求，以改变自然界与社会、解决实践问题为目的的人造物的设计、构建、操作的全过程（张华夏等，2005）。可以将其理解为：首先，工程知识是任务定向属性的知识。其次，工程知识是从工程师的工作中产生并服务于其中的知识。因而工程师们的"附加的洞察行为与试验行动"是工程知识产生的前提（Layton，1974）。再次，工程活动中所遇难题的解决需求是工程知识更新的源动力（Vincenti，1991）。

（2）关于工程知识的特征。技术哲学学派普遍认可并多次强调工程知识的多元性特征。沃尔特·文森蒂（2015）通过阐释"工程知识"中"知识"一词来说明工程知识的多元化结构。他认为工程中的基础性知识是科学知识（know-why），此外还包括关于怎样做的知识（know-how）——涉及如何设计与产生新知识两方面内容，和关于是什么的知识（know-what）。约瑟夫·C. 皮特教授提出"工程食谱"思想，同样体现工程知识多元化特征（张华夏等，2005）。他指出工程知识是工程实践过程中不断形成并被加以应用的知识。最终会以工程师手册、工程资料等形式记载下来，并成为能够跨越各个工程领域传播、可供不同类型或类似工程项目通用的工程"食谱"（张华夏等，2005）。上述思想清晰表达了工程知识的通用性、可传播性。同时，也说明了工程知识所涉及的领域、参与者等将越来越复杂多元，工程知识必须是多元的、不断更新与完善的才能与实践活动相适应。

（3）关于工程知识的分类。其一，按照知识的表现形式，工程知识包括关于事物是怎样的知识（know what）即描述性知识（descriptive knowledge），关于事物应当是怎样的（know how）即规范性知识（prescriptive knowledge）；其二，按照知识被明确表达的程度，工程知识应分为显性知识与隐性知识两类；其三，按照知识的属性，工程知识涉及基本概念、标准与规范、理论工具、定量数据、应用考虑以及设计手段等六种基本类型（Walter，1990）。

（4）工程知识的生成与增长。关于工程知识的生成，从科学知识视角，分析工程知识创造活动过程是探索工程知识生成的有效方法（Walter，1990），工程师同样会使用知识去生成更多的新知识，但工程知识更多地被用于并生成于设计、创造人工物的过程当中（Vincenti，1991）。另一个值得关注的问题是工程知识的增长。对知识增长的研究被认为是工程知识论的核心问题之一。温森蒂在批判性地继承坎贝尔（Campbell）工程知识"盲目—变化和选择—保存"增长模式的基础上，提出工程知识"变化—选择"增长模型，更为清晰地剖析了工程知识变化源头和工程知识的更新与选择机制（Walter，1990）。

2.1.3　中国工程哲学学派的工程知识论

关于工程知识的本质与特征。国内学者们对工程知识的本质、特征、类型、演化规律等进行全面概括，形成观点明确的工程知识论研究范式。其主要观点为（殷瑞钰等，2019）：

（1）从工程知识的定位与工程史来看，工程知识是构造人工物理世界的关键知识之一。它是区别于研究自然物理客观世界的基础科学知识的、在历史上不断发展开放的知识体系。

（2）从工程知识的本质与特征来看，工程知识涵盖很广。不仅包含人与自然的知识、人与人工物之间的知识，还包含人与社会的知识以及人与人之间的知识。工程知识是对各要素进行整合和配置使其转化为现实生产力的知识，同时也是一种知识体系，负责产生、制造、发展人类劳动的产物。

（3）从工程知识的来源和形态来看，工程知识的源头是多元化、多样性的，工程知识也都依靠实物或实践存在，具有价值导向。

（4）从工程知识的内涵和生命周期来看，工程知识涉及工程理念提出与决策、要素选择与配置、综合集成构建工程实体、实现功能转化与价值评估等过程，并涵盖工程决策、规划、设计、施工、运营、服务、退役等工程全寿命阶段。工程理念和工程管理一直存在于这些过程和阶段中。

（5）关于工程知识的演化。工程知识的演化主要依赖于工程知识主体对立与团结的合作关系、工程实践的新条件和新要求、在某一时期工程知识发展不平衡下发展新工程知识的需求、工程系统之间的竞争引发新的工程问题等内部动力，以及社会经济发展需求因素的作用和影响、科学技术进步的推动等外部动力的共同推动下进行的（王楠等，2019）。

国外工程哲学学派从技术哲学的视角探讨工程实践过程中出现的本体论、认识论等问题，对工程知识的内涵、特征、发展规律做了深入探讨。而中国工程哲学学派以工程—技术—科学三元论为本体论，真正意义上从工程哲学视角揭示了工程知识的本质、演化规律等。通过对国内外工程知识论研究的梳理，使笔者能更好了解当前工程知识研究领域研究成果的精髓所在，并对工程知识的理论内涵有全面、完整、深入的认识与理解。进而有助于从工程哲学视角、知识层面揭示建设工程项目管理知识、建设工程项目管理知识系统的内涵，更好地理解与构建建设工程项目管理知识系统架构。

2.2　复杂适应性系统理论

2.2.1　复杂适应性系统理论的提出

20 世纪 60 年代，系统科学研究开始关注自然界和社会中复杂性与复杂系统问题，进入由简单化向复杂性研究转化时代，近代复杂适应性系统理论的思想开始萌发（颜泽贤等，2006）。诺贝尔奖获得者普利高津提出，应结合还原论与整体观的思想，进而提出耗散结构理论，推动了系统科学研究的发展。他指出复杂系统应当是由大量相互关联、相互作用的基本单元所构成，并呈现出自组织性、开放性等特性。在与环境交互过程中通过物质、能量和熵的交换，实现非平衡相变，从而达成系统从混沌到有序的转化（刘曾荣等，2004）。与此同时，德国著名物理学家哈肯（1989）也对这种特性的复杂系统开展研究，建立协同论。他指出复杂系统中各个组成部分存在着彼此协同作用，并探讨系统协同演化问题。20 世纪 70 年代末，系统科学中对非线性问题掀起研究热潮，再次推动了复杂系统研究进展。众多学者对确定性系统中的非线性问题展开探讨，进而发现并揭示了复杂系统中普遍存在的混沌现象。这也意味着复杂系统研究需要将确定性与随机性方法有机统一，缺一不可。由此，复杂系统科学的方法论体系发生了巨大改变，混沌理论与混沌控制方法论得以形成与发展（Ott E. et al.，1990）。20 世纪 80 年代，著名物理学家霍夫菲尔德（1982）在人工神经网络系统的研究中，发现系统最终会出现某一合理反应，即存在某个稳定定态解，而系统自身具备自行改变参数以适应这一合理反应出现的能力。研究至此可知，复杂系统除了是非线性，还具备自适应性特征。

基于对复杂系统的认知深入、相关理论的融合发展，复杂理论逐渐形成一个完备的理论体系并日益受到重视。以复杂适应性系统理论及其应用为研究焦点的著名科研机构——圣菲研究所（SFI）的学者们试图探究与揭示生态、社会经济、神经及计算机网络等不同科学领域中复杂适应性系统运行与演化的一般性规律。尤其是霍兰（2000）基于众学者研究成果，于 1994 年形成了关于复杂适应系统比较完整的理论（CAS）。CAS 理论深入剖析系统适应性与复杂性间的关系，并提出以进化的观点认识复杂系统的思路，成为复杂系统科学领域的一种新研究思路与方法，极大地推动了人们对复杂适应性系统演化规律的认识。

2.2.2 复杂适应性系统的基本内涵

（1）复杂适应性系统的基本思想。复杂适应性系统（complex adaptive system，CAS）是大量相对独立而又高度相关、相互作用的各个组成部分的集合。系统中各个组成部分被称为具有目的性、主动性及智能性的"主体"（陈晶璞，2010）。而且，霍兰（2000）认为系统发展与演化就是积极主动的"主体"与环境反复交互的结果，即可以用"主体适应性"来概括（陈晶璞，2010）。在这一过程中主体通过不断学习、积累经验，不仅改变自身结构与行为方式，还促使系统整体层次突现出新结构、新现象和更复杂的个体行为，从而造就系统的"复杂性"。这就是 CAS 的核心思想——"适应性造就复杂性"。

（2）复杂适应性系统的 7 个基本概念。基于"适应性主体"这一核心概念，霍兰教授指出同时具备聚集、非线性、流、多样性、标识、内部模型、构件 7 种特质的即为复杂适应性系统。其中前 4 种指向主体特性；后 3 种则构成系统主体与环境交互作用机制。具体描述如下：

第一，聚集：指个体通过不断"附着"逐渐发展成数量庞大的主体聚集体，会使得系统产生分层。如在经济社会中，会依据收入、消费习惯等的不同形成不同群体。值得注意的是，聚集不是简单的主体合并，而是为了完成共同功能的主体的聚集，从而使得新类型的、具有新功能及新行为模式的、更高层次上的主体出现。在这一过程中，原主体并不会消失不见，而是在新的、更适宜自己生存的环境中实现更优的发展。

第二，非线性：指个体及其属性、功能、行为等的改变并不是呈简单线性发展的，是各种系统中个体与环境、其他个体反复交互中反馈形成的相互影响、相互缠绕的复杂关系。

第三，流：指系统中个体之间、个体和环境之间的物质流、信息流、能量流。这些流之间的传输、交互作用较大影响系统的运转和演化。同时，系统越复杂，各种流之间的交互就越频繁、越盘根错节。

第四，多样性：在系统演化过程中，个体间差别可能会因为某些原因而不断扩大，最终导致系统层级的分化。而且由于主体之间、层次之间及主体与环境之间的相互作用关系是复杂交互的、非线性的，容易导致系统的不稳定。那么，系统若要维持稳定必须保证多样性，即"稳定者生存"。如某一物种迁走或灭绝必然会短暂扰乱生态系统。但多样性保证了有足够多的物种来争夺这一空缺生态位，从而在重新适应之后产生新的物种、新的平衡。

第五，标识：主体为了完成共同功能而集聚，标识即表示这个共同功能。标识是系统中实行相互识别和选择的关键。因而在研究复杂系统时，标识功能与效率必须在考虑范围之中。

第六，内部模型：是指在复杂系统中不同层次的个体为便于对环境中存在的那些外在刺激及时、适当地做出反应，所具备的复杂内部机制。

第七，构件：相对简单的部分经过重新组合形成复杂系统。故系统的复杂性并不是指块的数量多、体积大，而是取决于块的重新组合生成的新模式。例如一些新技术的产生并不是从无到有，而是对现有技术的改进或组合，成功与否取决于旧技术的功能能否耦合。同时，如果系统足够统一和稳定，那么它也可以作为更大系统的构筑块。

（3）复杂适应性系统的特点。复杂适应性系统的特点具体可概括为以下四个方面：

第一，复杂适应性系统具有明显的层次性。即不同层次是相互独立的，相互间关联性较少。第二，主体具有积极主动性、适应性、智能性：复杂适应性系统中的不同主体都会具备自行调节状态以求与环境相适应，或试图与其他主体达成合作，又或在对立竞争中寻求最大生存机会或最佳利益的能力。这也反映了复杂适应性系统是一个基于个体发展的、持续演化的动态系统。第三，主体具有并发性。环境对系统产生刺激时，系统中各个主体能够并行地作出反应。对主体这一特点的重视，使得 CAS 理论与方法得以广泛应用于主体属性极不相同，但主体间相互关系却有较多共同点的不同领域。第四，复杂适应性系统研究中还应考虑随机因素的影响，使构建的系统模型更具较好的描述性和表达能力。

总而言之，复杂适应理论的创建与发展为观察和研究不同科学领域的复杂性系统问题提供了新思路与方法。本书所研究的建设工程项目管理知识系统，其主体是具有能动性的人。而建设工程项目管理活动具有复杂性、跨多学科、多组织协作等特点，可以说是一种典型的复杂适应性系统。因而，以复杂适应性系统理论为理论基础，有利于本书从复杂系统科学视角深入认识建设工程项目管理知识系统的本质问题，揭示系统涌现中复杂现象产生的根源。

2.3 涌现理论

2.3.1 涌现理论的发展进程

随着复杂性科学和系统科学的日益兴起，人们发现在复杂系统的演化过程中，系统会呈现出其单一组成部分所不具备的特性、结构、功能以及规律等特征，这一现象被称为"涌现"。研究复杂系统演化问题的重心被逐渐转移到发现涌现基本规律问题上来，涌现理论也随之而生。

涌现理论思想可追溯至西方古代哲学家亚里士多德"整体大于部分之和"的观点和中国古代思想家老子"有生于无"和"道生一，一生二，二生三，三生万物，万物负阴以抱阳"的思想。此外，发表具有代表性观点的知名学者还有布鲁德、韦弗、贝塔朗菲、布丁、克勒、西蒙等。如学者布鲁德曾于1923年讨论过"涌现活力论"；美国数学家韦弗在其发表著论《科学与复杂性》中举以第二次世界大战中运筹小组运作模式的实例，来佐证未来科学研究对象将转向由大量存在关联的部分的复杂的有机整体；学者布丁和克勒从系统层次结构视角阐述系统涌现过程，极大地推动了系统涌现理论发展；美国知名学者西蒙发表的《复杂性的构造》中，通过剖析涌现与系统复杂性、系统层次性的关系，进而揭示其与系统演化的关联，并得出复杂性结构是"涌现"出来的结论；美籍奥地利生物学家贝塔朗菲创在其专著《一般系统论——基础、发展和应用》中指出，一般系统论是关于整体性的科学，而这种整体性具备"涌现"特质，并完成了关于系统涌现性的基本表述。

现代涌现论的发展源于众多学者发现了还原论的局限性，并大力提倡与研究整体论或涌现论。现代涌现论的核心代表人物贝塔朗菲强调，"当前系统研究的要点，就是剖析整体为何大于局部之和即涌现性，并探明揭示这一规律的研究方法"。随后，一大批科学家与科学哲学家的研究成果将涌现性探索推进到一个新的水平。如比利时理论物理学家普利高津创建的耗散结构论、德国物理学家哈肯创建的协同论和德国化学家艾根创建的超循环理论等理论研究中，均体现了以涌现论取代还原论的思想。然而此时对涌现的分析仍停留在思想与方法论层面，并不具备可操作性内容。而且并未将系统涌现与系统的自组织特性明确地联系起来，表明涌现在系统研究中的关键性作用还认识不足。

直到以研究复杂性著称的美国圣菲研究所（santa fe institute，SFI）提出"系统复杂性研究的实质即是揭示系统涌现规律"，使涌现被明确地与自组织、复杂性联系起来。其间的代表作有：著名数学家卡斯蒂发表的《复杂性》；遗传算法发明人霍兰教授发表的《隐秩序：适应性造就复杂性》，并于1998 年推出的首部涌现论专著《涌现：从混沌到有序》；1999 年更是有研究复杂性、涌现性的重要国际刊物《涌现》被推出。更值得强调的是，SFI 学者们一直在尝试建立符合现代科学规范的涌现理论，为涌现现象提供可操作性的描述方法指导。随着涌现相关译作的发表，我国学者也开始关注系统涌现的研究。在中国最早注意到系统涌现问题的是著名的系统科学家钱学森。谭跃进等人基于涌现这一概念重要性的阐述开展"涌现性"研究，提出认识具有整体特性的系统的关键，就是剖析系统涌现现象与本质，并提出围绕"涌现性"揭示系统学这个很有价值的设想。

2.3.2　涌现理论的核心观点

众多学者在"涌现"相关研究中发表了不同观点。贝塔朗菲（Bertalanffy，1973）教授最先将"涌现"引入系统科学研究。他认为由于系统整体特性并非由各个组分简单相加而形成，而是由各个组分相互交互、相互激发进而"涌现"而来的，即"整体大于各个组分总和"。因此，对系统整体性质的分析，既要阐明构成整体的各个组成部分的特性，又要明晰不同组成部分相互间的作用关系（Bertalanffy，1973）。霍兰（Holland，2000）的复杂适应性系统理论中的观点是"涌现现象是从小原因中产生出来的大结果"。在复杂适应性系统中，虽然各个组分的性质、功能、结构、行为规则等均较为简单，然而由于组分间非线性的相互交互，将会引发系统较为复杂的、新的整体特性、功能、结构及模式等产生，即为涌现现象。钱学森（2011）在英文版著作《工程控制论》中明确指出，用重复、不那么可靠的原件组成复杂的、高度可靠的系统，因此研究系统要强调整体，强调整体是由相互关联、相互制约的各个组分构成。学者龚小庆（2007）将涌现解释为构成系统的各个主体子系统依据一定的规则相互影响、相互交互，并最终形成稳定的、整体的系统结构的过程。学者刘洪（2002）指出涌现过程是复杂系统借助自组织作用，在宏观上所呈现出新的功能、结构及规则等现象。学者苗东升（2006）进一步对整体涌现性内涵进行剖析，指出系统整体具有的特性是其组分甚至组分之和所不具备的。若把整体还原为部分，那么系统整体所具备的特性便不复存在。因此，系统问题研究的关键在于把握其整体涌现性。

虽然对于涌现的定义，目前尚未有统一的认识，但是学者们现已基本上形成了以下几个方面的共识（郭韬，2007）：

（1）系统涌现至少具备非线性、自组织、远离平衡态和吸引子存在等4个条件。当系统中含有具有较强适应性、智能性的主体时，涌现现象与涌现结果将更为复杂。

（2）系统涌现是多个主体相互影响、相互关联的结果。各个主体间在某种或多种规则下相互作用、相互影响，且由于非线性影响的存在促使系统复杂性不断增加，最终导致系统从整体上呈现出新规则、新结构、新功能等。

（3）系统涌现具有多层次性与整体性的特征。系统涌现会呈现出由小到大、由简入繁的层次性特点，某一层次涌现的集成会促成更高层次的涌现。此外，系统的整体性决定了系统高层次的整体属性、功能和行为模式均不能还原至低层次，且作为整体现象的涌现也不会因个别主体的改变而发生变化。

（4）系统涌现具有动态性和规律性，体现在系统结构、模式等方面。系统涌现虽然难以准确预测，但是在涌现过程中系统或系统组成的结构、模式会重复发生作用。因此系统涌现规律在一定程度上是能够被认识的。

复杂系统与简单系统的最大区别在于系统的整体涌现性。因此复杂系统的演化研究更多聚焦于涌现规律的探索与研究。笔者认为，建设工程项目管理知识系统是一个跨组织的复杂适应性系统，建设工程项目管理相关组织机构是具有主动适应性的，组织成员能够适应组织内外部环境的变化，改善自身"内部知识结构"，并通过成员之间的非线性作用引致群体乃至组织整体的宏观知识结构和知识系统功能发生改变的涌现过程。在建设工程项目管理知识系统的研究中，引入涌现理论，再结合2.2小节的复杂适应性系统理论，为建设工程项目管理知识系统涌现的理论分析与概念模型构建提供了一个比较完备的、规范性描述框架的指导。

2.4　系统动力学理论

2.4.1　系统动力学基本内涵与核心思想

（1）系统动力学的含义。系统动力学（system dynamics，SD）理论来源于 1957 年福瑞斯特提出的工业动力学。随后逐渐扩展到整个社会系统的研究，现已成为决策者必备的工具和手段。系统动力学是源于管理科学与系统科学领域的一门综合性新兴学科。它作为一种系统分析理论与方法，对功能、结构等进行分析，能够通过运用计算机建模并仿真以此来定量研究具有多重反馈的非线性高阶复杂系统，进而有助于深入探索这些复杂系统的结构、功能、演化规律，对自然科学、社会科学中系统问题以及系统交叉问题的认识和解决均有很大帮助（刘云平等，2016）。

（2）系统动力学的基本思想。系统动力学理论以系统论为核心，同时融合了控制论和信息论的核心观点。其方法论能够帮助在分析系统功能和结构之后，运用信息反馈原理深入剖析系统并为解决相关问题提供方向指导。从本质上看，这个认识并解决问题的过程是一种寻找最优解决方案的过程，是对系统的优化，能够帮助系统实现最大运行效能。从方法论来看，系统动力学方法综合了结构方法、功能方法与历史方法，是这三者的有机统一。系统动力学具有如下特点（Rod Draheim et al.，1998）：

第一，系统动力学适用于多变量、非线性的高阶复杂系统问题。例如能够对社会、经济中的复杂系统问题，从微观和宏观双重层面进行综合研究。

第二，系统动力学的研究对象主要为开放性的、动态性的、与环境交互的系统，并主要分析其内部结构和反馈机制。

第三，系统动力学将定性与定量相结合，是一种解决系统问题的理论和方法，主要采用推理和计算的形式。该方法尤其适用于研究样本不足或研究数据难以量化的情况。通过结合已有数据对系统中各要素因果关系进行分析，进而推理计算，得出结论（王其藩，1995）。

第四，系统动力学还可以用来探究长期性、周期性科学问题。例如经济危机问题、信息资源的生命周期问题等。它强调这种大型复杂系统都具有内在运行规律，要结合微观和宏观双重层面进行研究。目前已成为决策者进行科学决策和有效管理的必备手段。

第五，系统动力学模型的构建方法比较规范，极大地方便了使用者认识和分析问题、假设并进一步求解。在构建系统动力学模型时，能够将系统中各要素有机结合起来，再结合各种信息、数据以及知识解决问题。

2.4.2 系统动力学仿真原理及模型

（1）系统动力学的仿真原理。为了探究系统的运行规律和演化过程，通常运用系统仿真进行分析和研究。复杂适应性系统理论着眼于"由小到大"，认为系统各组分相互交互、相互影响进而促使系统涌现；而系统动力学则从系统内部结构出发，探索与剖析系统涌现过程与规律（王其藩，1995）。

基于 2.2 小节复杂适应性系统理论的阐述，明晰了系统涌现的关键动因是系统主体的适应性和主动性（王其藩，1995）。而系统动力学则认为是系统内部的流率变量推动系统涌现。因而采用流量和流率的变化来描述系统内部各组分相互交互、相互影响的关系，以此反映这些组分在系统涌现过程中所产生的作用。通过构建系统的结构流程图，并在不同条件下对系统的控制变量进行调节，以此来模拟系统的演化过程，可以对解决系统问题提供参考（Forrester，1961）。

（2）系统动力学模型。系统动力学理论认为系统内部结构与信息反馈机制决定系统结构、功能与行为模式。因此，系统动力学模型对系统的结构和功能同时进行模拟，能够很好表达结构、功能和行为模式之间的逻辑联系。此外，系统动力学模型中变量数量可达数千个。在系统动力学模型构建完成后，通常采用仿真实验进行分析，能够很好地帮助剖析数量庞大的各变量在未来某一时期随时间变化的关系（郭韬，2008）。

根据模型构建顺序，可以分为逻辑模型、物理模型和数学模型。

第一，逻辑模型。逻辑模型主要由复杂系统和逻辑关联两部分构成，反映系统逻辑上的相关关系。例如正相关、负相关、直接相关等。在对系统进行充分理解和分析后才能构建逻辑模型。构建逻辑模型的过程是将抽象化为具体的过程，是构建物理模型和数学模型的必要前提。

第二，物理模型。物理模型需在逻辑模型之后数学建模之前完成，是对逻辑模型的延伸，也是数学模型建立的基础。物理模型主要是由循环形式所表达的动态结构所组成的，反映动态系统的具体相互作用关系。

第三，数学模型。数学模型是在建立物理模型的基础上，采用一定手段转化而来（Forrester，1961）。式（2-1）就是由物理模型转化而来：

$$x = u(t) - F(t, x(t)) \qquad (2-1)$$

而系统动力学的数学模型是这类数学函数的耦合。

也可以采用数学方程组的形式对变量和参数进行更准确的描述，将这些变量和参数从函数 F 中分离出来。即：

$$\begin{cases} X(t) = A(t)X(t) + B(t)U(t) \\ Y(t) = C(t)X(t) \end{cases} \qquad (2-2)$$

式（2-2）中，X 为系统状态变量；U 为输入变量；Y 为输出变量；A、B、C 均为时变变量。

2.4.3　系统动力学仿真工具——Vensim 软件

系统动力学主要运用的仿真工具是 Vensim。它是由美国一家公司（Ventana Systems Inc.）所研发的一种可视化建模工具，可以对系统动力学模型进行分析、构建、仿真以及优化。Vensim 软件的特点如下：

（1）利用图示化编程进行建模。通过 Vensim 软件进行建模并不需要编程，只需要通过界面按钮画出系统的因果关系图和存量流量图，再对每一个变量输入函数和赋值就可以直接开始模拟。值得注意的是，变量和方程都不需要标注时标 t，因为模型是按照变量间的因果关系所构建的。

（2）输出信息丰富。Vensim 软件对于模拟结果的输出是非常丰富的。除了能在软件中实时显示，还可以保存到文档中或者复制到剪贴板中，以便及时和别人交流，对日后的研究需要也有很大帮助。

（3）提供多种模型分析方法。Vensim 软件可以提供多种模型仿真与分析方法，如模型结构分析、模型数据集分析。其中，模型结构分析涉及原因树分析、结果树分析、列表分析等。原因树分析可以指出有哪些变量作用于指定变量并且反映其中的作用关系。而结果树分析可以指出有哪些变量受指定变量作用，反映指定变量对其他变量的作用关系；模型数据集分析则用来描述变量随时间变化的数值，并形成相关曲线图。

（4）真实性检查。对于模型中的重要变量要先进行正确性判断。提出假设并将假设加入模型中，在模型中观察约束的情况，判断模型是否合理。如果模型不合理，要进一步调整参数或者结构。

基于系统动力学理论，运用计算机建模与数据模拟分析，探究复杂适应性系统中各组分相互间的交互关系，模拟系统的演化过程。能够帮助从系统内部结构出发，探究系统的演化规律等问题。因此，本书引入系统动力学理论，为模拟建设工程项目管理知识系统涌现状态，探索该系统涌现规律，以及识别建设工程项目管理知识系统涌现的关键动力因素提供方法与理论支撑。

2.5　本章小结

基础理论是建设工程项目管理知识系统涌现研究中不可缺少的重要内容。本章主要从工程知识论、复杂适应性系统理论、涌现理论与系统动力学理论等四部分进行阐述。首先，分析工程知识发展历程，梳理国内外关于工程知识论的各学派核心观点；其次，阐述复杂适应性系统理论的提出背景与基本内涵，梳理涌现理论的发展进程与核心观点；最后，分析系统动力学的内涵与核心思想，阐释系统动力学的基本原理与模型构建过程，进一步阐明仿真工具——Vensim 软件的使用流程。总之，工程知识论、复杂适应性系统理论、涌现理论及系统动力学理论等理论，为建设工程项目管理知识系统涌现研究提供了有益的理论支撑。

第3章　建设工程项目管理知识系统架构与涌现概念模型构建

研究建设工程项目管理知识系统涌现，须首先明晰研究对象，解构建设工程项目管理知识系统关键要素与功能，构建该系统架构，为第4章分析作用于该系统的关键动力因素提供识别与提炼的方向；其次，分析建设工程项目管理知识系统涌现现象，构建其概念模型，为第5章分析建设工程项目管理知识系统涌现动力学模型及仿真，以及第6章面向涌现过程的建设工程项目管理知识系统的混沌分析提供研究依据。

3.1　建设工程项目管理知识系统的关键要素、功能及架构

3.1.1　建设工程项目管理知识系统的关键要素

复杂适应性系统理论中强调系统是多要素相互交互、相互影响、相互作用的集合体。建设工程项目管理知识系统也是由建设工程项目管理各类知识本体组成的集合体。该知识本体以非物质形态所存在，依附于媒介与载体进行存储和交换。知识本体所依附载体包括生命载体和物质载体。生命载体是指拥有知识的人和组织；物质载体是存储知识的书籍、报纸、电子数据载体等。此外，生命载体之间、物质载体之间及生命与物质载体之间的知识交互作用，促进建设工程项目管理知识系统的持续发展。同时，结合1.3.3小节的分析不难发现，建设工程项目管理知识系统由知识主体（生命载体）、知识本体和知识物质载体等三类关键要素组成。

（1）建设工程项目管理知识主体。根据建设工程项目平行发包模式，形

成以业主方系统集成商为主导方，且多知识主体交互的复杂知识主体，如图 3-1 所示。建设工程项目管理知识主体涵盖业主方、设计单位、施工单位、中介咨询单位、高校科研院所及政府有关部门等。基于项目建设不同阶段的需求不同，会有不同的参建方参与进来，因此其主要工作内容与目标也会有所差别。但建设工程项目管理过程是多方知识主体的协同过程，各参建主体并非仅负责自身所处阶段工作与任务活动，也需掌握其他阶段的工作内容与动向，从整体上把控建设工程项目管理活动。为此，以业主方为主导、多主体参与的系统集成商，各主体基于自身已有专业知识，协同参与项目管理过程中，成为建设工程项目管理的知识主体。各知识主体通过建设工程项目实践，学习与更新现有知识，积累丰富经验并形成新知识，实现项目增值与知识效用提升（张东艳等，2015）。

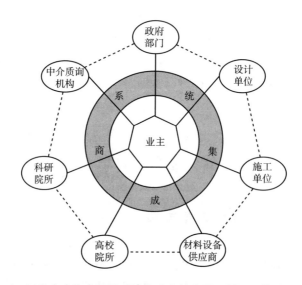

图 3-1 以业主方为主导的系统集成商的建设工程项目管理知识主体

第一，建设工程项目管理知识主体类型。如图 3-1 所示，根植于建设工程项目管理实践情境，发现该管理过程所涉及的知识主体类型包括业主方、设计单位、供应商、施工单位、中介咨询单位、高校科研院所及政府有关部门等。

业主方是建设项目的管理者，其主要职能是基于投资者利益最大化、建设总要求及实际建设条件，制订建设投资总方案，并为项目建设执行方提供必需的条件。因此，该主体具备一定的投资决策、项目可行性分析等知识

（中国建筑业协会工程项目管理委员会，2011）。

设计单位基于对业主方总需求、建设相关法律法规、现实建设条件以及建设经济技术性的综合考量，由设计人员形成对项目建设中一系列活动具有指导意义的设计文件或方案。设计文件或方案是设计单位知识的综合体现，涵盖图纸设计原则、技术准则、建设规模论证、项目总造价估算、工程质量水平测算等知识。

施工单位是建设工程项目产品的生产者，负责整个工程建设施工任务。正式介入建设工程项目的起点是与业主方签订施工合同，确定正式的合同关系。在组织施工之前，编制施工方案，代表施工单位具备现场施工管理规划知识，组织与协调人、材、机、法、环等施工要素的经验知识。再根植于工程实际难题，开展技术攻关，创造工程项目管理新知识。最终完成工程产品，满足设计文件明确的工程产品功能，以及施工合同中确定的工程质量、工期、造价等目标。此外，还拥有交付使用后对工程产品保修维护过程中产生的知识。

供应商为建设工程项目提供材料、机械等生产要素，是建设工程项目利益相关者之一。供应商的交易规范、生产产品质量标准、价格制定及产品服务等知识范畴，深刻影响建设工程项目的目标实现。

中介咨询单位主要涉及招标代理公司、造价咨询公司、监理公司及项目管理公司等，均是能为业主方提供建设过程中所需特定服务的机构。这些主体应当具有项目策划、监理、造价咨询、招标代理、项目管理等服务性知识。

高校科研院所是建设工程项目中解决技术、管理难题或进行创新活动的强力后盾，为建设工程项目前期策划、设计及施工管理等环节提供科技知识支撑，实现科技知识增值效应。

政府主管及质检部门对工程设计方案、材料品质、施工过程、竣工验收等对象开展质量监督工作，具备监督相关的知识。

第二，建设工程项目管理知识主体特点。鉴于建设工程项目具有集成性、协调性，决定了其知识系统的知识主体有别于其他类别的组织系统（如企业、科研院所等）知识主体的特点。

①知识异质性。知识异质性是指针对不同决策阶段，建设工程项目管理各知识主体提供的知识服务是不同的。如在项目前期阶段所涉及的业主方、政府部门审批单位等，提供企业政策、审批结论、论证意见、立项计划等异质性知识；项目设计阶段包括业主方、施工单位提供的设计需求、设计方案、

设计图纸等异质性知识。

②主体参与过程的动态性。因建设工程项目管理过程中不同阶段所需要的工程管理服务功能不同，导致建设工程项目管理知识主体参与过程具有动态性。如工程咨询单位在工程前期阶段就参与；设计单位参与工程设计阶段；施工单位参与工程实施阶段。

③主体复杂性。建设工程项目管理知识主体组成成员众多且复杂，由政府部门、业主方、设计单位、施工单位及监理方等具有不同性质的组织构成。且各参建单位包涵不同专业背景的成员，如包括具有工程设计、土建工程、安装工程等不同专业门类的管理人员，形成极其复杂的知识系统结构。在该系统结构中，知识主体是知识供应者，也可以是知识使用者。且不同知识主体基于知识流，在相互交流、相互协作中实现知识积累、共享、创新与创造。

（2）建设工程项目管理知识本体。第一，国内外经典项目管理知识本体结构分析。美国项目管理协会于 1976 年创建项目管理知识体系（project management body of knowledge，PMBOK）。截至 2020 年底，该体系已经更新到第6 版。其内容包括整合管理、时间管理、成本管理、质量管理、资源管理、风险管理等 10 大知识模块，涉及 49 个要素。借助"输入—输出"模型表述各要素，逻辑清晰，知识全面。英国项目管理协会于 1992 年创建项目管理知识体系（APMBOK），其内容涉及概述、战略、控制、技术、商务、组织、人员等 7 大模块及 37 个要素。国际项目管理协会认为美国和英国项目管理协会所创建的项目管理知识体系不够全面。在同时参考英、美两国已有项目管理知识体系的基础上，于 1988 年创建项目管理知识体系（IPMA Competence aseline，ICB）。该体系内容涵盖技术能力、行为能力和环境能力等 3 大能力模块，涉及 46 个能力要素，并认为项目管理能力 = 知识 + 经验 + 素质，通过能力基准反映对项目管理专业人员的知识要求，即从项目管理能力视域体现项目管理知识体系的内容（中国（双法）项目管理研究委员会，2008）。此外，《工程管理知识体系指南》由国际工程管理认证中心主持编撰。其原著第 4 版翻译稿由何继善院士团队翻译，分析工程管理人员到底应该具备哪些工程管理相关知识，主要涉及组织管理、财务管理、项目管理、供应链关联、营销与销售管理、技术管理、研究管理与开发管理、系统工程、工程管理的法律问题、职业伦理与行为规范等 10 个领域的知识结构。

中国项目管理知识体系概念最早于 1993 年提出。通过不断吸收国外 3 类经典项目管理知识体系的精华，结合中国项目管理实践本土特色，于 2001 年建立中国项目管理知识体系（Chinese Project Management Body of Knowledge，C-PMBOK），并持续完善，形成了当前经典版本即中国项目管理知识体系（C-PMBOK）2006 修订版。其内容涉及概念、开发、实施及结束 4 个阶段，具体包括范围管理、时间管理、费用管理、质量管理、人力资源管理、信息管理、风险管理、采购管理及综合管理等 9 大模块，24 个工具与方法及 5 大项目化管理结构（张镇森，2014）。

　　第二，建设工程项目管理知识本体结构。基于国内外经典项目管理知识本体结构总结，依据我国建设工程项目管理实际情境，以工程服务过程和项目管理功能为主线，构建建设工程项目管理知识本体结构。其中，以工程服务过程为主线的建设工程项目管理知识本体，主要涉及建设工程项目立项决策、规划设计、招标采购、施工实施、竣工验收等阶段，包括工程项目立项决策知识、工程项目规划设计知识、工程项目招标采购知识、工程项目施工知识、工程项目竣工验收知识等 5 大模块（张秀萍等，2011）；以项目管理功能为主线的建设工程项目管理知识本体，涵盖工程项目目标管理知识、工程项目组织管理知识、工程项目经济知识、工程项目风险管理知识、工程项目信息管理知识、工程项目评价知识等六大模块。具体内容如图 3 - 2 所示。

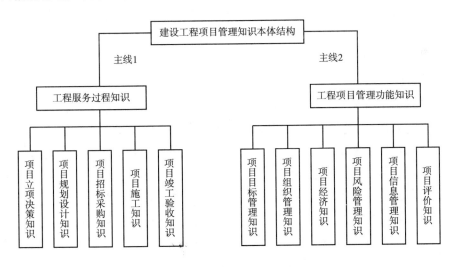

图 3 - 2　建设工程项目管理知识本体结构

　　①建设工程服务过程知识。a. 项目立项决策知识主要包括立项申请报告、可行性研究报告、项目调研与选址报告、项目审批、项目论证意见，以及以往项目立项决策经验等知识；b. 项目规划设计知识主要包括项目需

求和功能规划指标、工艺设计方案、规划设计指标、项目现场条件与调研报告、初步设计施工图、招标采购意见报告等；c. 项目招标采购知识主要包括招标制度与方案、工程造价指标与方案、评标流程与报告、招标采购合同等；d. 项目施工知识包括进度控制的成功经验、项目拖延原因和解决措施，以及成本控制、质量控制和合同管理中的各种经验知识、安全控制方案、项目现场安全文明管理方案等；e. 竣工验收阶段知识涉及验收管理、试运行管理、移交管理等知识。具体包括验收记录、工程调试中遇到各种问题和解决方法等。

②建设工程项目管理功能知识。a. 项目目标管理知识：费用估计、预算、控制、决算与审计的诀窍等成本管理知识；工作分解、工作排序、进度安排和控制的诀窍、经验等进度管理知识；质量控制、检验、改进思维与经验等质量管理知识；安全诊断诀窍、安全计划与控制方法等安全管理知识；可持续发展、以人为本理念等环境保护管理知识。b. 项目目标管理知识：组织形式选择经验、沟通经验、谈判经验和方法、团队协作方法、领导力等组织结构知识；流程设计思维、经验、流程优化方法等流程设计知识。c. 工程经济知识：经济分析经验、全寿命等成本分析方法、技术经济管理法等工程经济分析知识；财务分析方法、利润与所得税费用分析法、财务管理法等工程财务知识；造价经验、对比审核方法等工程造价知识。d. 风险管理知识主要包括风险意识与风险应对经验、主观评分法、模糊综合评价法等风险评估与控制知识。e. 信息管理知识主要包括信息管理思维、经验与创造、逻辑顺序方法、信息收集分类法、主题法等。f. 工程评价知识：社会评价经验、多属性综合评价法、模糊层次分析法、专家调查等社会评价知识；经济评价经验、主观赋权、多指标综合评价法等经济评价知识；类比分析法、类比调查法、专业判断法等环境影响评价知识。

（3）建设工程项目管理知识物质载体。关于知识载体的研究，众多学者持有不同的观点（赵坤等，2007）。具体相关论述如表3-1所示。

表3-1　　　　　　　　　　关于知识载体的观点

有关学者	论述观点
波普尔（2013）	人脑；纸张、磁带、碟片等物质载体
Huber（1998）	组织个体；组织内电子或纸质记录；组织的设施设备、流程制度、日常业务

有关学者	论述观点
Walsh and Ungson（2008）	员工头脑；组织构架；组织操作标准；文化信仰；办公区域物理布局
Moorman and Miner（2003）	管理框架与模型；组织共同价值观与行为惯例、办公室俗成约定以及组织及员工突出事迹等
魏江（2011）	个人、团体、设施、信息
Cross and Baird（2017）	组织个体；人际交往；电子数据库；工作流程管理与管理支持系统；产品
Aschkenazi（2002）	员工头脑；纸质文稿与电子文档；网络数据库
Argote（2000）	企业知识嵌入于个体成员；组织的规程、文化和结构；技术

第一，建设工程项目管理知识是以解决工程问题，实现建设工程目标为导向，各参建主体结合实际情境，所产生的知识。其本质上是各参建主体单位或企业异质性知识的有机组合。因此，建设工程项目管理知识载体与企业知识载体有相似性。同时，潘旭伟等（2003）认为，知识存在于知识载体中，知识载体是存储知识的静态实体，具有层次性。其指出知识载体的两个性质，即静态实体性和层次性。前者将知识交汇过程中的"活动载体"排除；后者将已有的实体载体"分门别类"。基于该定义，将表3-1中归纳的知识载体再梳理分类，可知建设工程项目管理的知识载体大体上可归为知识生命载体和知识物质载体两大类。其中，生命载体被视为建设工程项目管理的知识主体，且已经在建设工程项目管理知识主体的内容中重点阐述。

第二，知识物质载体。知识物质载体大致可分为符号载体与物化载体两大类。符号载体是以文字、图形、符号、声频、视频等手段对知识进行刻录与记载的实体性载体；物化载体是知识主体（个体）对承载于其他载体中的知识进行再创造与创新而生成的有形知识产品。如图3-3所示，建设工程项目管理知识系统的物质载体主要包括纸质载体（各类纸质文档）、知识库（以往工程项目管理知识库）和数据库（以往类似项目管理库）、技术装备与机械、软件技术平台（BIM平台、成本管理系统等）等。其中，纸质载体既包括与政府规划、审批相关的项目官方文件资料、各类参建单位项目管理制度以及项目管理过程中的纸质资料等；知识库存储的是各参建单位在以往建设工程项目管理过程中不断学习、总结积累的知识，是建设工程项目管理知识创造与存量增加的重要来源；数据库主要是参建单位以往项目管理基础数据与专业数据；技术平台是支撑建设工程项目组织知识学习获取、知识存储积累、知识共享传递、知识创造应用的平台，需要借助网络、多媒体等技术实现知识的有机整合与创新。

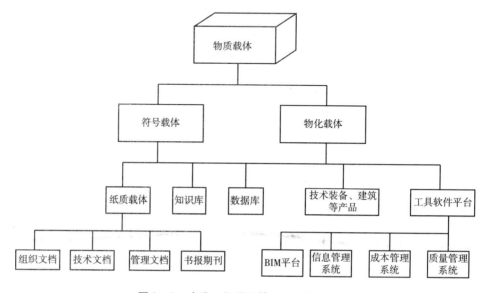

图 3 - 3 建设工程项目管理知识物质载体

3.1.2 建设工程项目管理知识系统的功能

知识系统是服务于知识主体以及其所在组织，以支持知识主体的科学决策，高效高质实现组织目标。因此，知识系统的功能是由其服务的主体和目的所决定的。一方面，知识系统的功能与组织内部知识主体（个体）的职能类似或可等同；另一方面，知识系统的功能应与现实情境中的组织目标相匹配，能够发现并分析已有和所需知识，并规划、控制运用和开发知识资产的行动，以达到组织的目标。此外，知识系统应实现系统自适应发展，从而保证系统自身持续更新，以适应社会、组织、个人的现实需要。

建设工程项目管理知识系统是典型的跨组织复杂适应性系统，涵盖建设工程项目管理中多个组织。其知识系统的功能应当与建设工程项目管理实际情境中的各项活动息息相关、密不可分。一般而言应具有以下 3 项功能：①能够高效率高效能地获取和组织建设工程项目管理过程中所需的相关信息及知识；②在建设工程项目管理过程中，能够实现跨组织的知识共享及知识传递；③有效地筛选与积累知识，实现知识的创新与创造，从而达到实现该系统中知识溢出效益增加的目的。且这种溢出效益会随着各知识主体在建设工程项目管理过程中跨组织的知识共享、转移、创新等活动，不断变化，反映系统不断动态发展的成果。

3.1.3　建设工程项目管理知识系统架构

基于 1.3.3 小节和 3.1.1 小节建设工程项目管理知识系统基本内涵与关键要素的分析，不难发现，建设工程项目管理知识系统涉及知识主体、知识本体及知识物质载体三大关键要素，如图 3 - 4 所示。其中，知识主体是以业主为主导、多主体参与的跨组织知识主体组成的结构；知识本体结构由工程服务过程知识与项目管理功能知识组成。工程服务过程知识包括项目立项决策知识、项目规划设计知识、项目招标采购知识、项目施工知识、项目竣工验收知识，项目管理功能知识包括项目目标管理知识、项目风险管理知识、项目信息管理知识、项目评价知识等；知识物质载体是由符号载体与物化载体组成。符号载体是在时间与空间上延长、扩大工程项目管理知识，包括以文字、图形、符号、声频、视频等手段对知识进行记录的实体。物化载体表现为在工程项目管理实践中，以机器、设备和软件等物化形态呈现建设工程项目管理知识。

如图 3 - 4 所示，知识主体与知识本体两者间的关系是映射与存储关系。映射关系体现在知识主体系列知识活动，尤其是隐性知识活动，动态映射于知识本体中；存储关系表现在经过知识流动，促进知识更新，隐性知识储存于知识主体的过程。知识本体与知识物质载体两者间的关系是存储与集成关系。存储关系类似知识主体与知识本体之间的存储关系，但偏向于显性知识存储过程；集成关系则体现于以不同物质形式储存知识集成于知识本体结构中，增加建设工程项目管理知识存量，促进建设工程项目管理知识溢出效益。知识主体对知识物质载体关系仅表现于管理使用关系，强调建设工程项目管理组织对房屋建筑、轨道、桥梁等终端性产品的管理，以及对 Autodesk Buzzsaw、PKM V5.0、BIM 等工具性物质载体的使用等。

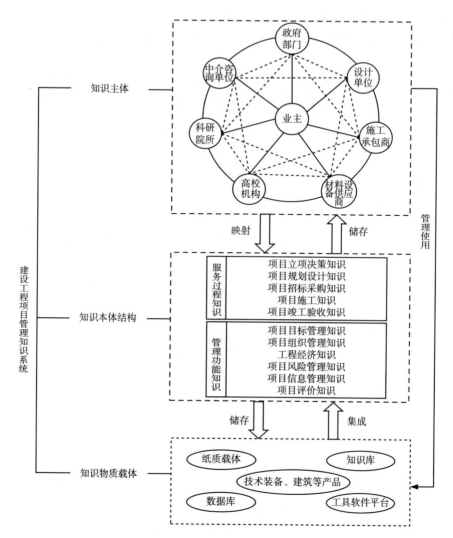

图 3 - 4　建设工程项目管理知识系统架构

3.2　建设工程项目管理知识系统涌现现象

3.2.1　建设工程项目管理知识系统涌现现象阐释与表征

（1）建设工程项目管理知识系统涌现现象阐释。建设工程项目管理知识系统涌现现象，是从系统集成商视角，以业主方为主导，多主体参与的知识主体，为适应知识系统内外环境，结合反馈的信息，采用调整结构或优化系统等行为，使得知识主体发生非线性作用，以助于建设工程项目管理知识系统获得质与量的飞跃和提升，进而促进形成对建设工程项目管理知识更高层次的管理过程。此外，在成熟的建设工程项目管理知识系统中，各知识主体因与其他知识关联的主体进行交互、相互影响、相互作用，使得自身知识结构得以更新与改善，从而促进知识主体的知识存量增加，并获得知识收益。

（2）建设工程项目管理知识系统涌现现象的表征。以业主方为主导，多主体参与的系统集成商的建设工程项目管理知识系统涌现和发展是一种涌现过程。建设工程项目管理知识系统的初始状态属于低层次的小系统；而建设工程项目管理知识系统发展演进的最终状态是高层次的大系统。建设工程项目管理知识系统层次演进的过程是从简单到复杂，从低级到高级，从小系统到大系统不断进化、涌现的过程（Adenfelt M. et al.，2006）。

第一，建设工程项目管理知识系统涌现现象基本特性是从简单到复杂，从低阶到高阶。复杂系统的复杂性体现在系统中各个主体都是基于这个特性发展而来的。该知识系统的涌现是质性变化，是新系统结构、新系统功能与新系统行为规则的出现，即为整体功能大于部分之和的产物。

第二，建设工程项目管理知识系统涌现现象的产生是由系统内部的适应性主体某些规则的支配下产生的。此类规则或简单或复杂，往往与建设工程项目管理业务流程相关。

第三，建设工程项目管理知识系统涌现现象具有耦合性，是系统内部各个适应性主体相互影响、相互作用的结果。各主体为适应学习规则产生相互作用，并且这些作用是非线性的，促使系统在整体结构与功能上比其子系统更为复杂。

第四，建设工程项目管理知识系统涌现现象是具有规律性，即能够被识得的，并且涌现现象是具有规律性动态的、持续性发生的。建设工程项目管理知识系统涌现会使系统形成新结构、特性与规则，并且它们仍然会持续性地对系统产生影响，促使系统涌现出新的、更高层次的结构、特性与规则。

第五，建设工程项目管理知识系统涌现现象具有明显的层次特性。该知识系统涌现是逐步、分层进行的，是由简单涌现逐步发展成更复杂、更高层次的涌现。且高层次系统涌现表征更易观察与识别，表现在层次结构上宏观动态的变化。

3.2.2 建设工程项目管理知识系统涌现条件与动因

（1）建设工程项目管理知识系统涌现条件。第一，非平衡性。系统非平衡性指系统远离平衡状态，平衡系统往往无发展活力。仅当系统处于非平衡状态，才可能演变出有序结构。为此，非平衡性是系统出现有序结构的必要条件。开放、有活力的建设工程项目管理知识系统，因受到市场信息、技术环境、组织间关系、知识共享、知识创造等内外部因素影响而不断变化。打破系统原有的相对平衡状态，促使系统内部组分单元重新组合，并不断促进建设工程项目管理知识系统朝着新的状态演变。

第二，存在吸引子。系统进化轨道一般存在两种情形，一是从起点到无穷大的进化曲线；二是曲线以某种方式结尾。此时结尾终点即为吸引子。吸引子具有稳定性、终极性及吸引性。其中，稳定性强调系统具有抵制干扰、保持特性的能力；终极性表示系统进化所达到的终极状态；吸引性代表对周围其他状态的吸引力。建设工程项目管理知识系统的吸引子可理解为项目管理知识创造应用过程的收益即知识溢出效益，具体表现在知识专利成果目标、各主体绩效目标等。这对以业主方为主导，多主体参与的系统集成商所主导的建设工程项目管理知识系统内部各成员、团队及组织等知识主体来讲，均具有较强的目的性与吸引力。有助于该系统内部不同层次的知识主体为达成知识溢出效益这一目的，展开知识传播、共享、交流、协同、合作，更新系统知识结构，产生大量知识创造行为。

第三，非线性作用。线性作用仅是各要素简单的叠加作用；非线性作用是系统各要素的相互制约、耦合及协同的过程。系统各要素、组分单元间的非线性作用是系统发生涌现现象的根源。建设工程项目管理知识系统是包含知识主体、知识本体及知识物质载体等三大要素的复杂大系统。知识主体间的非线性作用是建设工程项目管理知识系统具备有序结构的关键条件，也是该系统中涌现出知识创造行为的前提。该系统内部存在业主方、设计单位、施工单位、供应商等不同属性与功能的知识主体，通过跨组织学习、交流等多种方式进行知识获取、储存、共享及创造等过程。其知识资源的投入与产出并非由简单知识叠加所形成，整个过程表现出显著的非线性作用。

第四，自组织性。自组织是非平衡状态的复杂系统，在外界物质、信息、能量正常输入下，通过系统内部各主体或要素间非线性作用，让系统从非平衡状态演化为有序状态的机制。自组织性主要表征为复杂系统及系统内部各个主体或子系统的内生动力机制。建设工程项目管理知识系统中的知识主体是由项目参建人员、团队、组织构成，各层次知识主体具备适应能力与学习能力。通过与外界环境和其他知识主体间的非线性交互作用，调节自身行为、能力等，可实现建设工程项目管理知识系统从无序到有序状态的过渡，形成知识溢出效益。

（2）建设工程项目管理知识系统涌现动因。建设工程项目管理知识系统涌现动因是指建设工程项目管理知识系统除系统内部自身条件作用外，受到哪些影响因素的作用，导致该管理知识系统涌现，促进知识创造与知识系统的知识溢出效益。近年来，国内外学者对供应链知识系统、企业间知识链系统、产学研知识系统等跨组织知识系统的影响因素开展深入研究，并取得一定研究成果。如哈利等（Halley et al.，2010）认为在供应链网络中，企业的基础设施和组织结构对于知识管理具有关键作用。吴（Wu，2008）指出影响供应链知识系统的因素有知识存量、企业能力、企业间的关系、文化氛围、组织结构、技术水平等。陆小成（2009）认为基于企业组织建构机制，如扁平化组织、学习型组织等构建机制，有助于企业知识链系统涌现、信息和知识的流动及共享，增强知识传播效率。吴想等（2009）通过研究发现一些客体因素，例如产学研知识的复杂性、模糊性和嵌入性对于产学研知识系统会造成很大影响；同时，产学研关系网络、产学研之间的信任关系、文化氛围、知识距离等因素也深刻影响产学研知识系统，潘美娟（2016）从社会网络分析视角对于影响产学研知识系统的因素进行识别和概括，发现产学研知识主体所在的网络结构、网络密度以及网络位置等都会影响产学研知识系统；徐国东等（2011）也指出产学研合作主体的网络能力对于知识转移具有显著正向影响，这也进一步促进产学研知识系统的形成与发展。

建设工程项目管理知识系统属于跨组织知识系统这一类。通过分析以上跨组织知识系统的影响因素，对建设工程项目管理知识系统涌现动因提供借鉴。此外，为深入分析建设工程项目管理知识系统涌现动力因素，第 4 章拟基于文献梳理、现场调研与访谈等多种形式获取数据样本，运用扎根理论识别与提炼建设工程项目管理知识系统涌现动力因素。

3.2.3 建设工程项目管理知识系统涌现路径与结果

（1）建设工程项目管理知识系统涌现路径。系统涌现是从低层级到高层级的转化，是旧质衍生新质的过程，是基于微观主体进化的宏观系统的性能、结构突变（韩毅，2011）。同时，有学者提出系统涌现源自系统组分、结构及环境等维度，系统涌现路径是由系统规模涌现效应、结构涌现效应和环境涌现效应等组成。基于此，本书从系统结构效应、规模效应和环境效应等三大作用路径，分析建设工程项目管理知识系统涌现。

第一，结构效应。系统是不同组分单元的有机组合。系统结构效应是系统通过各组分单元相互作用、补充及激发的过程，促使系统内部不同层面涌现出新组合。建设工程项目管理知识系统结构效应是系统内部不同知识主体通过相互作用所形成系统多层次的组织结构，知识本体结构及载体结构等内容。如知识主体结构是以系统内各个知识主体为节点，且以不同知识主体间的相互交互、相互协同关系作为链接而形成的网络结构。以业主方为主导，多主体参与的系统集成商，设计单位、施工单位、分包商、供应商、中介咨询单位、高校科研院所及政府有关部门等单位的协同参与所组成。

第二，规模效应。系统各组成部分间的规模效应产生过程是系统涌现过程的表征之一。各组分数量多少即为系统规模。系统规模大小不同所导致的系统整体性质差异，即为规模效应。规模效应本质是群体效应，把局部、分散的各组分优势整合为整体优势的过程。系统规模效应表现为量与质两个维度。量是各组分数量上的积累；质是系统整体实力的涌现。同样，建设工程项目管理知识系统规模效应也表现出量和质两维度：一方面，建设工程项目管理知识系统是各参建单位等知识主体聚集的过程。当知识主体达到特定数量规模时，通过各主体对异质性知识学习、吸收、共享等知识处理过程，为知识创造行为涌现提供条件；另一方面，建设工程项目管理知识系统须在跨组织学习知识量、知识共享量等建设工程项目知识本体达到一定水平时，才具备应对外界环境或不同工程情境下的建设工程项目管理知识创造能力，最终实现建设工程项目管理知识溢出效益。

第三，环境效应。复杂适应性系统理论指出环境是任何系统生存与发展的前提条件；环境是系统涌现过程中的关键动因。系统具有开放性特点，与外部环境的交互作用是通过物质、信息及能量等方式所实现。环境效应是系统外部环境变化深刻影响系统内部要素关系，以及系统自身发展反过来作用于环境变量的交互作用过程。建设工程项目管理知识系统的环境效应，一是该系统的适应性知识主体在受到外界因素如相关法规政策、市场需求变化及新技术发展等影响时，及时作出反馈以适应环境，促进自身发展。且在与外界的信息、物质及能量等交流和各知识主体间的相互交互影响中，促使该系统在逐步适应环境过程中提升知识创造能力与知识溢出效果；二是建设工程项目管理知识系统的知识创造与溢出效益，形成丰富的技术知识成果，深刻影响技术知识市场环境。

（2）建设工程项目管理知识系统涌现结果。若干子部分基于特定规则或方式相互关联、相互作用所涌现出来的系统，呈现整体具有的特性，代表系统结构与功能改变，即为系统涌现的结果。如微观世界中的分子。单个物质分子无温度与压力；大量分子按照一定规则聚集所涌现的系统（物质），具有温度、压力等整体性特征，标志系统新结构与功能形成。此外，系统涌现结果还表现于系统层次的改变。如人类意识是约千万个神经元组成的人脑所呈现出来的结果。若分解到单个神经元，则人脑所具有的意识特性不复存在。建设工程项目管理知识系统涌现现象同样导致上述类似的结果。如系统结构改变、系统功能改变及系统层次改变等。

第一，系统结构改变。建设工程项目管理知识系统涌现促使系统内部形成新结构。此类涌现结果表现于系统中新组合结构的出现；或者系统中结构的组合方式没有太大变化，但改变了结构组成。如在建设工程项目管理过程中，面临技术难题，亟须科研攻关。为此，以业主方为主体的系统集成商，在原来的技术与管理团队中选调骨干人员，组建技术攻关团队，开展建设工程技术知识创新活动，此类涌现现象结果是形成新的组合方式结构。此外，若以业主方为主体的系统集成商本身拥有技术科研团队，具备较强的技术创新能力，则在科研攻关过程中，仅需围绕技术难题，针对性地选择优秀技术骨干，加入其原来的技术团队中开展技术知识创新活动，此类系统涌现结果仅为某层次结构组成发生改变。

第二，系统功能改变。建设工程项目管理知识系统涌现促使系统具备新功能。系统涌现结果表现在：系统内部各知识主体具有较强的环境适应能力、知识本体增强等。如在建设工程项目管理业务流程中，不同参建主体成员间的经验交流与分享，拓展知识主体高质高效获得异质性知识的各种渠道，进而有效提升各个知识主体应对外界环境变化的适应能力。知识本体增强表现于新知识的创造过程。即建设工程项目管理知识主体（团队）基于原有知识结构，以新建工程项目为契机，各知识主体（团队）将其自身显性化的知识与新建工程项目信息相结合，形成建设工程项目管理组织新知识，丰富知识本体内容。

第三，系统层次改变。从系统层次视角来看，建设工程项目管理知识系统涌现结果表现在建设工程项目管理知识系统的高层次，具有还原到系统单个组成的低层次就不复存在的特性。由知识个体层面相互作用到跨组织层面，最后集成为建设工程项目管理知识系统，实现系统由低层次向高层次、由简单到复杂的转化。整个系统层次变化过程如图 3 – 5 所示。

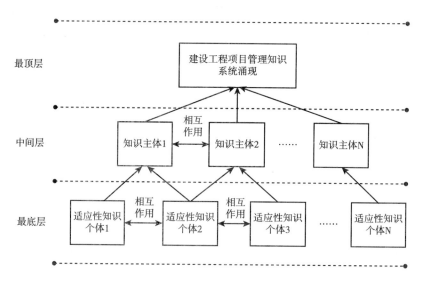

图 3 – 5　建设工程项目管理知识系统层次

综上可知，建设工程项目管理知识系统涌现结果推动系统结构与功能的改变，促进系统层次转化，最终促使系统迈入健康运行或混沌。其中，建设工程项目管理知识系统健康运行效果表现在建设工程项目管理知识溢出效益，且知识溢出效益有助于社会新知识形成与扩散，促进劳动生产率提高。建设工程项目管理知识溢出效益体现在项目参与个体、企业及项目本身等多个维度，详细的分析在第 4 章的部分小节中会涉及。建设工程项目管理知识系统迈向混沌状态表现为此系统在涌现过程中进入无序状态，不利于建设工程项目管理知识溢出效益的产生，亟须进行混沌控制。为此，第 5 章以管理知识系统中知识溢出效益为结果变量，构建建设工程项目管理知识系统涌现动力学模型并开展仿真分析；第 6 章详细阐述面向涌现过程的建设工程项目管理知识系统混沌分析与控制。

3.3　建设工程项目管理知识系统涌现概念模型

建设工程项目管理知识系统是以业主方为主导，多主体参与的系统集成商，以工程需求和工程目标实现为导向，坚持以知识创造与应用为核心，由设计单位、施工单位、供应商等多个知识主体组成的跨组织知识系统。根据复杂适应性系统理论和涌现理论，分析建设工程项目管理知识系统构建和系统涌现现象，识别系统构成关键要素，阐释建设工程项目管理知识系统涌现现象及表征，分析该系统涌现的条件、涌现动因、涌现过程及结果。发现建设工程项目管理知识系统涌现是具备涌现条件的建设工程项目管理知识系统在涌现动力因素的作用下，基于系统外界物质资源信息交换和系统内部各知识主体间交互作用，促进系统涌现规模效应、结构效应及环境效应的过程。系统结构和功能发生变化，系统也从低阶简单向高阶复杂转变。基于此，本书构建建设工程项目管理知识系统涌现概念模型，如图 3 - 6 所示。

3.4　本章小结

本章围绕建设工程项目管理知识系统是什么，知识系统涌现现象是什么等问题开展分析，发现建设工程项目管理知识系统由知识主体（生命载体）、知识本体和知识物质载体等三类关键要素组成。该知识系统功能与建设工程项目管理活动息息相关。分析建设工程项目管理知识系统涌现现象，明晰建设工程项目管理知识系统涌现条件与动因、路径与结果。最后构建建设工程项目管理知识系统概念模型，为后文该系统涌现动力因素分析、系统动力学模型构建及混沌分析奠定坚实基础。

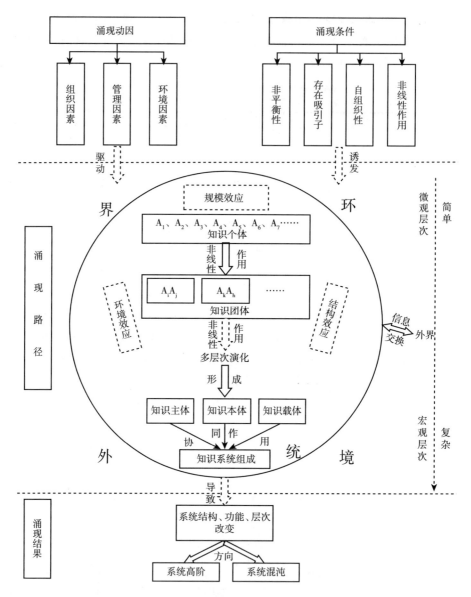

图3-6 建设工程项目管理知识系统涌现概念模型

第4章 建设工程项目管理知识系统涌现的动力因素识别与提炼

动力因素识别与提炼，是构建建设工程项目管理知识系统涌现的动力学模型的基础。首先，基于文献调研与访谈调研分析，获取扎根理论所需的原始资料，借助扎根理论，初步识别建设工程项目管理知识系统涌现的动力因素；其次，结合问卷编制原则，设计问卷内容，通过多渠道向参与建设工程项目管理的人员发放问卷并及时收集；最后，分析问卷样本数据，提炼建设工程项目管理知识系统涌现的动力因素。

4.1 基于扎根理论的建设项目管理知识系统涌现的动力因素识别

4.1.1 扎根理论及其过程

（1）扎根理论。20世纪70年代，扎根理论（grounded theory）由美国两位知名学者（Galsser & Strauss）提出。这种质性研究方法被广泛运用于社会科学研究中，其优势是突破从已有理论中演绎可验证性假设，能够通过海量数据资料研究，扎根于具体事物所处环境、时空及其发展过程，采用归纳总结方法，从海量原始数据中抽象、转化为相应的概念，实现理论构建。扎根理论是通过三级编码（开放式编码、主轴式编码和选择性编码）的研究范式，加工处理原始数据与资料，对研究者所探究问题进行递进归纳、循序推导、不断完善，进而实现最终研究目标的过程。其实施过程是由烦琐到简单、逐层级编码，再分门别类形成核心概念或范畴，从而能科学合理地降低研究问题的复杂程度，呈现多元化的研究主题，有助于萃取核心主题内容与结构。因此，该研究方法常被视为探索未知研究主题或理论的有效途径。

（2）扎根理论研究过程。扎根理论研究过程没有极其严格的逻辑路径，学界对扎根理论的研究过程因研究对象不同而呈现个性化特征。但核心的操作逻辑均涉及三级编码，即通过对数据的编码、归纳、提炼，以实现理论构建。如蔡霖等（2021）通过20多篇文献收集，10位企业界专家访谈，7家企业调研，收集大量的数据，再利用扎根理论方法对数据进行整理、编码及提炼。最终从技术、市场及政策环境三重视角，重构媒体智能化内涵测度指标。卢恒等（2021）基于扎根理论的学术App特点及信息交互行为过程分析，利用半结构访谈获取原始资料。通过三级编码对获取的原始样本资料进行总结归纳与关系梳理，分析各项主范畴对用户信息交互行为的内在关联和作用路径。王海花等（2015）在企业外部知识网络能力的动力因素研究中，采用扎根理论进行探索性分析，即采用三级编码逐层解码企业外部知识网络能力的相关文献、调研等原始资料，从而提炼研究相关的概念、范畴，并开展了理论饱和度检验工作。通过已有学者对扎根理论具体研究流程的分析，提出本书采用扎根理论的研究脉络，如图4-1所示。

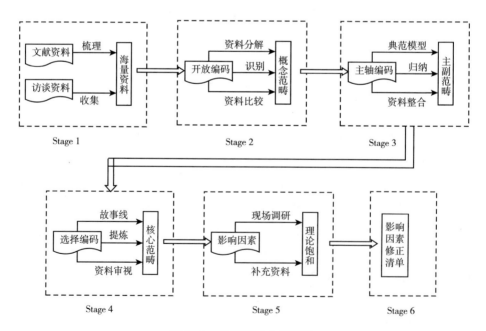

图4-1　扎根理论分析流程

4.1.2　原始资料来源

原始资料收集是扎根理论的首要步骤。客观样本资料是基于扎根理论分析，确保理论构建的关键。除了用于收集相关研究主题的文献与资料的中外文献数据库（其中中文数据库主要包括中国知网总库、超星电子图书、维普中文期刊服务平台、万方数据等，外文数据库主要包括 WOS，EI，Elsevier Science，Emerald 等），其他研究资料收集来源主要有：①访谈调研。基于业主方为主导、多主体参与的系统集成商视角，针对中铁四局淮南投资公司、中化学交建集团市政工程有限公司、蚌埠市碧盈房地产开发有限公司、安徽晟元工程咨询公司的高管及项目管理人员进行访谈与开展相关调研；②对与研究主题相关的工程项目案例、企业内部项目原始资料及政府相关法规与政策文件等的收集、梳理并阅览；③搜索、整理、整合互联网上与主题相关的报道、文件、报告等资讯。通过以上基础工作为本书提供翔实可靠的原始记录资料。

基于对中外数据库中海量文献的广泛阅览，抽取与建设工程项目管理知识系统主题相关度较高的关键文献进行详细阅读。并逐一开展摘录、编码及分析等工作，初步完成对研究主题的理论认识与解析；组织建设工程项目管理知识系统研究的相关访谈调研工作，提前预约有建设工程项目管理知识相关背景的专家，采取个人及小组的访谈形式，并且进行多轮和多次访谈。访谈前根据理论构思，对访谈对象进行循环追问，引入访谈主题，逐层诱发访谈对象对建设工程项目管理知识系统的理性与感性认知。将专家相关的内隐化知识逐步转化、外显，以夯实研究基础，进而促进研究的可信度及质量。

4.1.3　动力因素与结果变量测量量表分析

建设工程项目管理知识系统是多主体构成的知识系统。与产学研知识系统、供应链知识系统较类似，均属于跨组织知识系统。基于 1.3.2 小节知识系统的国内外研究现状与第 3 章的研究内容，不难发现建设工程项目管理知识系统涌现既受到知识主体、知识管理的影响，又涉及外界环境、知识载体等因素影响。本书紧跟主流学者的研究观点，对所有跨组织知识系统的研究文献进行检索，收集与建设工程项目管理知识系统涌现动力因素相关的素材，形成原始资料。再利用现场访谈，从实践界获取相关的原始资料。最终建立起建设工程项目管理知识系统涌现动力因素的原始资料库。利用扎根理论的科学原理，对原始资料库进行深入识别、分析与主题提炼，以构建本书核心命题。具体做法遵循扎根理论研究脉络的 Stage2 ~ Stage4。首先分解文献研究、现场调研与访谈的资料。对比分解后的资料，逐字逐句编码，解析相关初始概念范畴，实现原始资料的分解与编码，从而提炼若干关键"信息元"；其次，利用典范模型，深入整合资料。将原始资料核心记录及提炼的"信息元"进行整合，总结归纳形成主副范畴；最后，以故事线的形式，通过资料审视，提炼核心范畴，并解释范畴间的关系。进而实现动力因素核心范畴的典范模型的理论推导与构建。

（1）开放式编码。开放式编码是运用扎根理论分析数据资料的首要步骤。其目的是认识现象、定义概念、提炼初始范畴。基于特定准则将大量原始资料记录逐级编码，贴好现象标签。再通过相关概念范畴的界定与提炼，以正确反映原始数据资料的内容，实现研究现象背后基本类属概念化与范畴化的过程。研究者在研究过程中应坚持客观性、科学性等原则，始终以原生编码为研究基础，通过原始资料中与研究相关语句的主体词汇抽取、相近含义词句的归并，实现概括性更高的初识范畴的提取。最后，从原始资料库，提炼建设工程项目管理知识系统涌现动力因素分别为：组织因素、管理因素及环境因素。其中，组织因素又称知识主体因素（组织结构、跨组织学习、组织间关系）；管理因素即为知识管理与载体因素（知识共享、知识创造、知识管理技术资源投入）；环境因素是指宏观环境与工程需求。通过进一步挖掘建设工程项目管理知识溢出效益等主要范畴，随后逐一对各因素开展开放性编码分析工作，见表4-1至表4-3。

第一，组织因素。项目组织主体是建设工程项目管理知识系统的重要支撑。系统的形成受到组织结构、跨组织学习、组织间关系等组织因素的影响。基于国内外文献梳理与实践案例调研访谈，获取原始资料后，分别对组织结构、跨组织学习、组织间关系等组织因素进行开放式编码。其中，组织结构因素方面挖掘出4个概念，总结提炼并归纳其范畴属性，涉及有机型组织结构、机械型组织结构等2个范畴属性（见表4-1）。跨组织学习因素方面挖掘出6个概念，总结提炼并归纳其范畴属性，涵盖跨组织学习动机、跨组织学习途径、跨组织学习投入等维度（见表4-2）。组织间关系因素方面挖掘出8个概念，总结提炼并归纳其范畴属性，涉及合作伙伴关系、商业契约关系、行政隶属关系（见表4-3）。

表 4 - 1　　　　　　　　　　　**组织结构开放式编码分析**

原始资料记录	来源出处	开放式编码	
		概念化	范畴属性
项目管理中采用扁平化项目组织结构，纵向管理层级相应减少。采用较为灵活的授权机制，则容易分散管理层决策权力。如若能实现组织间信息、知识的交流学习渠道多样化，则跨部门协作流畅度与效率更优，更有利于技术交流、知识组合及创造等，尤其在遇到工程技术问题时，能快速成立临时技术攻关跨组织机构，共同实现技术创新目标	Mahmoudsalehi（2012）；Ghani（2002）；Chen and Huang（2007）；陈建军等（2018）；项目实例分析与访谈记录	a1 组织结构扁平性 a2 组织结构灵活性	有机型组织结构
项目组织统一知识编码，知识管理流程标准化，制定专业化施工方案，确立知识管理规章与制度	Mahmoudsalehi（2012）；Ghani（2002）等；项目实例分析与访谈记录	a3 组织结构标准化 a4 组织结构专业化	机械型组织结构

表 4 - 2　　　　　　　　　　**跨组织学习开放式编码分析**

原始资料记录	来源出处	开放式编码	
		概念化	范畴属性
为实现工程目标，组织具有较强的跨组织学习愿望；为学习市场先进技术，组织具有积极向外搜寻新知识的动力	潘旭明（2007）；项目实例分析与访谈记录	a5 跨组织学习愿望 a6 跨组织学习动力	跨组织学习动力
企业通过建筑供应链的形式，向建筑供应链合作伙伴进行知识转移；企业通过战略联盟的形式，向战略联盟合作伙伴进行知识转移	Manuj and Omar（2014）；项目实例分析与访谈记录	a7 以供应链途径 a8 以战略联盟途径	跨组织学习途径
企业鼓励员工参加行业性的学术会议；企业为获取外界的异质性知识投入资金支持	Ralph et al.（2009）；项目实例分析与访谈记录	a9 学术交流投入 a10 资金支持	跨组织学习投入

表4-3　　　　　　　　　　　组织间关系开放式编码分析

原始资料记录	来源出处	开放式编码	
		概念化	范畴属性
建设工程项目管理过程当中，本单位与各参建主体间的原有合作经历，增加组织间互信；本单位与其他参建主体间签订战略合作框架，形成合作伙伴关系	李自杰等；项目实例分析与访谈记录	a11 组织间以往有合作 a12 组织间交往密切 a13 组织间合作伙伴关系	合作伙伴关系
建设工程项目管理过程当中，本单位与各参建主体间签署长期战略合作合同，以联合体的形式，开展建设工程项目管理活动；本单位与各参建主体间有正式书面合同关系	周川云等；项目实例分析与访谈记录	a14 达成战略意向 a15 签订战略协议 a16 签订正式合同	商业契约关系
在建设工程项目管理过程，本单位与各参建主体间有上下级的行政隶属关系，本单位与其他参建主体存在同隶属的亲缘关系。如京沪高铁阳澄湖桥段的深水爆破技术攻关过程中企业中铁四局、中铁大桥局及中铁二院都是隶属于中国中铁股份有限公司	刘亚静等；项目实例分析与访谈记录	a17 行政隶属 a18 亲缘关系	行政隶属关系

　　第二，管理因素。建设工程项目管理知识系统涌现是项目组织管理知识库更新的过程，离不开知识共享、知识创造及知识管理技术资源投入等管理因素的影响。基于国内外文献梳理与实践案例调研访谈，获取原始资料后，分别对知识共享、知识创造及知识管理技术资源投入等管理因素进行开放式编码。其中，知识共享因素方面挖掘出10个概念，总结提炼并归纳其范畴属性，涉及显性知识共享、隐性知识共享等2个范畴属性（见表4-4）。知识创造因素方面挖掘出8个概念，总结提炼并归纳其范畴属性，涵盖跨个体知识更新、企业知识创造、项目知识产品等维度（见表4-5）。知识管理技术资源投入等因素方面挖掘出3个概念，总结提炼并归纳其范畴属性为知识管理技术资源投入（见表4-6）。

表 4 - 4　　　　　　　　　　**知识共享间互动开放式编码分析**

原始资料记录	来源出处	开放式编码	
		概念化	范畴属性
在建设工程项目管理过程中，本人主动向其他参建个体推介与项目相关的杂志、论文、专著和专利技术等学习资料；本人主动向其他参建个体推介与项目相关的手稿、文档等资料	Huang，Dikmen，郭峰，刘静（2008）；项目实例分析与访谈记录	a19 公开论文 a20 著作 a21 发明专利 a22 工作文档	显性知识共享
在工程建设与管理中，本人与其他参建个体通过电话、网络远程探讨、交流工作，或在项目餐厅、走廊、宿舍等非办公场所交换个人工作经验；本人与其他参建个体在工作报告会、经验交流会、项目研讨会等正式工作会议中，对项目建设管理中相关问题，阐述个人观点、参与方案的讨论、修改与确定；本人与其他参建个体参加参建企业或项目部组织的项目、职业等培训或讲座活动	Dikmen，郭峰等（2019），Ozorhon，刘静（2008）；项目实例分析与访谈记录	a23 电话及网络通信工具交流 a24 非办公场所当面交流 a25 工作报告会 a26 经验交流会 a27 项目研讨会 a28 培训与学习	隐性知识共享

表 4 - 5　　　　　　　　　　**知识创造开放式编码分析**

原始资料记录	来源出处	开放式编码	
		概念化	范畴属性
在建设工程项目前期决策阶段，结合项目特点，综合咨询企业已有知识，更新前期决策阶段知识；设计阶段，依托设计院已有知识，以客户需求为导向，创新设计阶段的知识。施工阶段，以工程难题驱动，开展技术攻关，更新施工阶段的知识	保罗，米捷（2016），Greve，Senker，Shan（2018）；项目实例分析与访谈记录	a29 前期决策知识 a30 设计阶段知识 a31 施工阶段知识	项目服务过程类知识更新

原始资料记录	来源出处	开放式编码	
		概念化	范畴属性
在建设工程项目管理过程中,创新人才激励机制,引入先进人资管理模式;结合先进质量管理理念,更新质量管理知识;依托 BIM 等信息技术,更新进度管理方法;结合装配式建筑技术,更新建筑安装过程中的安全知识;依据建筑业高质量发展理念,更新项目环境保护知识	保罗,米捷(2016),Greve,Senker,Shan(2018);项目实例分析与访谈记录	a32 项目人资知识更新 a33 项目质量管理知识更新 a34 项目进度管理知识更新 a35 项目安全管理知识更新 a36 项目环保知识更新	项目管理功能知识创造

表 4-6　　　　　　　　知识管理技术资源投入开放式编码分析

原始资料记录	来源出处	开放式编码	
		概念化	范畴属性
本单位拥有且能较好地应用项目管理信息技术。本单位建立且能较好地应用项目管理知识库、数据库。本单位拥有与建设工程项目管理密切相关的网站或网页信息。本单位可以通过新兴信息技术手段与其他参建单位实现较好的互联互通	董歆刚,崔海斌,沈惠敏,余子开;项目实例分析与访谈记录	a37 信息管理技术 a38 知识库 a39 新兴信息技术	知识管理技术

第三,环境因素。在建设工程项目管理知识系统涌现过程中,外界宏观环境与微观环境(工程需求)具有一定的促进作用。基于国内外文献梳理与实践调研,分别对宏观环境、工程需求等环境因素进行开放式编码。其中,宏观环境因素方面挖掘出 4 个概念,总结提炼并归纳其范畴属性,涉及技术市场竞争环境、知识产权法律环境 2 个范畴属性(见表 4-7)。工程需求因素方面挖掘出 8 个概念,总结提炼并归纳其范畴属性,涵盖工程难题、预期目标 2 个范畴属性(见表 4-8)。

表 4 – 7　　　　　　　　　　宏观环境开放式编码分析

原始资料记录	来源出处	开放式编码	
		概念化	范畴属性
智能建设装备促进项目管理知识更新；人工智能技术、物联网技术、VR 技术引发建筑企业知识学习与创造；BIM 技术、门禁系统、智能安全监控系统等技术让工程现场管理更加智慧化，促进了参建单位知识更新	王琦（2014），Park（2013）；项目实例分析与访谈记录	a40 新兴建造技术进步 a41 智慧工地市场竞争	技术市场竞争环境
在工程技术攻关过程中，知识产权法律保护让各组织更加放心分享核心技术。知识产权法律环境让异质性知识流动更加顺畅，结合本企业已有知识进行技术创新，形成具有自主知识产权的技术产品	郭庆等；项目实例分析与访谈记录	a42 知识产权法律保护 a43 具有自主知识产权的技术产品	知识产权法律环境

表 4 – 8　　　　　　　　　　工程需求开放式编码分析

原始资料记录	资料来源	开放式编码	
		概念化	范畴属性
建设工程结构设计较为复杂，当前施工工艺难以满足建设需求；建设工程地质环境极其复杂，现有勘探技术难以解决相应难题；工程建设的众多工程技术难点难以突破	仇一颗（2013），孙永福等（2016），张镇森（2014）；项目实例分析与访谈记录	a44 工程复杂特性 a45 工程地质环境复杂 a46 工艺极其复杂 a47 技术难题	工程难题
项目启动即设定技术知识创新目标，并基于建设工程实施与管理过程中的技术、知识创新，以保障项目的顺利实施，并高效高质地实现建设工期、成本、安全、质量及环境等目标	仇一颗（2013），孙永福等（2019）；项目实例分析与访谈记录	a48 新技术设备开发 a49 工程进度、成本、质量、安全及环境目标	预期目标

　　第四，建设工程项目管理知识溢出效益量表。基于 3.2.3 小节可知，建设工程项目管理知识溢出效益是建设工程项目管理知识系统涌现的结果变量。

基于国内外文献梳理、项目实例访谈调研，从个体、企业及项目等维度，共挖掘12个概念，归类其范畴属性，涉及个体知识更新、个体能力提升、企业知识管理水平提升、企业创新能力提升、项目目标实现、项目性能达到预期等6个范畴属性（见表4-9）。

表4-9　　　　　　　　　知识溢出效益开放式编码分析

原始资料记录	资料来源	开放式编码	
		概念化	范畴属性
在建设工程项目管理知识系统涌现过程中，个体因直接参与项目管理，积累项目管理经验，促进知识整合与知识创造	项目实例分析与访谈记录	a50 个体知识整合 a51 个体知识创造	个体知识更新
在建设工程项目管理知识系统涌现过程中，个体参与技术方案的编制，可以提升个体技术分析能力；个体参与项目现场管理，及时处理现场管理问题，可以提升个体项目管理能力	项目实例分析与访谈记录	a52 技术分析能力 a53 项目管理能力	个体能力提升
在建设企业知识库管理系统过程中，梳理分析企业内部原有信息知识以及知识间的逻辑关系，并通过学习先进信息技术，重新归纳整合企业知识，实现知识库目录框架的规范，有效内容的深度挖掘、筛选与重组，进而提高知识的高效利用率	项目实例分析与访谈记录	a54 企业知识库建立 a55 企业知识管理系统建立	企业知识管理水平提升
企业基于已有技术装备，以工程难题为导向，开展技术攻关，进行技术研发。通过获取异质性知识，实施知识创新	项目实例分析与访谈记录	a56 企业技术研发 a57 企业知识创新	企业创新能力提升
在建设工程项目管理知识系统涌现过程中，实现技术知识共享与创造，实现创新目标。在知识系统辅助下，实现项目进度、成本、质量、安全及环境目标顺利推进	项目实例分析与访谈记录	a58 项目创新目标实现 a59 项目进度、成本、质量、安全及环境目标	项目目标实现

续表

原始资料记录	资料来源	开放式编码	
		概念化	范畴属性
项目先进的功能离不开技术知识支持，以项目性能最大化为导向，实现项目技术知识水平提升	项目实例分析与访谈记录	a60 项目功能达标 a61 项目技术水平一流	项目性能达到预期

（2）主轴式编码。以上述开放式编码分析为基础依据，进一步进行编码概念类别与编码范畴属性的识别，分别形成本书所需要的范畴属性，用字母 A + 数字表示。包括有机型组织结构、机械型组织结构、跨组织学习动力、跨组织学习途径、跨组织学习投入、合作伙伴关系、商业契约关系、行政隶属关系、显性知识共享、隐性知识共享、项目服务过程类知识更新、项目管理功能知识创造、IT 基础设施建设、技术市场竞争环境、知识产权法律环境、工程难题、预期目标等 23 个范畴属性。并在此基础上，分析组织结构、跨组织学习、组织间关系、知识共享、知识创造、知识管理技术资源投入、宏观环境、工程需求等 11 个关联范畴。如表 4 – 10 所示。

表 4 – 10　　　　　主轴式编码提取范畴类别

编码范畴属性	关联范畴	主范畴
A1 有机型组织结构 A2 机械型组织结构	组织结构	组织因素
A3 跨组织学习动力 A4 跨组织学习途径 A5 跨组织学习投入	跨组织学习	
A6 合作伙伴关系 A7 商业契约关系 A8 行政隶属关系	组织间关系	
A9 显性知识共享 A10 隐性知识共享	知识共享	管理因素
A11 项目服务过程类知识更新 A12 项目管理功能知识创造	知识创造	
A13 IT 基础设施建设	知识管理技术资源投入	

续表

编码范畴属性	关联范畴	主范畴
A14 技术市场竞争环境 A15 知识产权法律环境	宏观环境	环境因素
A16 工程难题 A17 预期目标	工程需求	
A18 个体知识更新 A19 个体能力提升	个体知识溢出	知识溢出效益
A20 企业知识管理水平提升 A21 企业创新能力提升	企业知识管理能力	
A22 项目目标实现 A23 项目性能达到预期	项目绩效	

典范模型是通过探析各关联范畴间的逻辑联系，明确研究主题各范畴的主次。研究内容主要包含现象、因果与中介条件、脉络、行动策略及结果等要点。基于以上 11 个关联范畴深入分析，明晰其中的关联。并进一步提炼组织因素、管理因素、环境因素及知识溢出效益等 4 个主范畴，形成 4 条证据链（见图 4 - 2 至图 4 - 5 所示）。

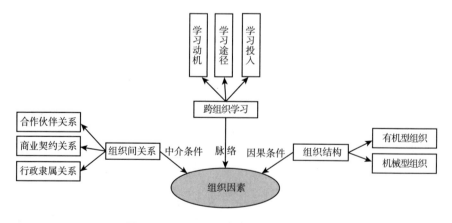

图 4 - 2 组织因素主范畴形成的证据链

第一，组织因素主范畴形成的典范模型证据链。建设工程项目管理过程以项目组织结构为前提条件。有机型项目组织呈现出扁平、灵活性，跨组织间协作顺畅，学习渠道多样，能开展有效的技术交流与知识交流，实行知识

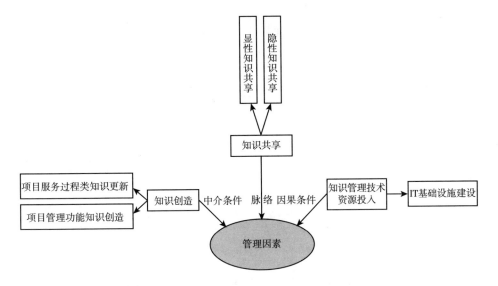

图 4 - 3 管理因素主范畴形成的证据链

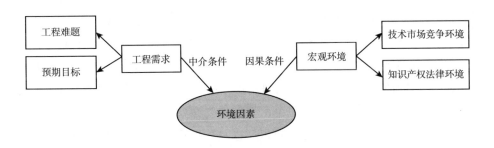

图 4 - 4 环境因素主范畴形成的证据链

组合与再造；跨组织学习是组织因素影响知识溢出效益的基本脉络。跨组织学习动机源自于工程目标的实现与技术进步，采用建筑供应链或战略联盟形式开展跨组织学习，且企业本身也加大跨组织学习的投入；组织间关系属于中介条件。合作伙伴关系是指组织间形成的战略联盟关系。商业契约关系是指采取合同等形式所建立的合作关系。行政隶属关系有助于减少在建设工程项目管理中知识交流、分享及互动的成本。

　　第二，管理因素主范畴所形成的典范模型证据链。管理因素是建设工程项目管理知识系统涌现的重要推动力量，主要涉及知识管理技术资源投入、知识共享与知识创造等要素。知识管理技术资源投入是知识系统涌现的因果

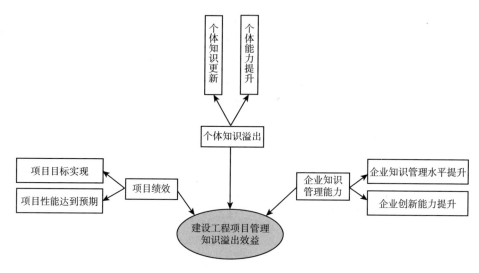

图 4 – 5　建设工程项目管理知识溢出效益主范畴所形成的证据链

条件。尤其是 IT 基础设施建设，有利于建设工程项目管理知识存储与流动。如各参建单位联合建立建设工程项目管理知识库，并通过建设工程项目知识管理系统实现知识交流、共享与整合等；且知识共享是建设工程项目管理知识系统涌现的关键脉络。知识共享不仅是组织间信息互传的过程，更是双方对共享知识的消化吸收，融合于自身知识体系中，从而实现知识更新与创造；而知识创造是管理因素影响知识溢出效益的中介条件。知识创造以项目服务过程类知识更新与项目管理功能知识创造两种形式呈现，深刻影响建设工程项目管理知识溢出效益。

　　第三，环境因素主范畴所形成的典范模型证据链。环境因素作为外界力量，促进建设工程项目管理知识系统涌现。环境因素主要包括宏观环境与工程需求。其中，宏观环境是从市场与政府法律宏观层面分析、识别出的技术市场竞争环境与知识产权法律环境。如随着人工智能、物联网、点云、大数据等技术逐渐引入建筑业市场，并应用于建设工程项目管理不同场景，倒逼参加单位知识学习与创造。同时，完善知识产权法律环境有助于各参建单位更安心开展知识分享，促进异质性知识更加顺畅流动。因此，宏观环境是环境因素影响知识溢出效益的因果条件；而工程需求是从建设工程项目层面分析、识别出工程难题与预期目标。工程难题驱动建设工程项目管理知识创新。预期目标体现建设工程项目管理新技术设备开发目标、工程进度、成本、质量、安全及环境等目标。为此，工程需求是环境因素影响知识溢出效益的中介条件。

第四，建设工程项目管理知识溢出效益主范畴所形成的典范模型证据链。建设工程项目管理知识溢出效益是建设工程项目管理知识系统涌现的结果变量。建设工程项目管理知识系统是以项目为依托，涉及不同个体、参建企业。为此，需从个体、企业、项目等不同层面提炼建设工程项目管理知识溢出效益，包括个体知识溢出、企业知识管理能力、项目绩效等。其中，个体知识绩效涉及知识更新与能力提升两方面；企业知识管理能力涵盖企业知识管理水平与创新能力提升；项目绩效是以项目目标实现与项目性能达到预期来呈现。

（3）选择式编码。选择式编码是开放式编码与主轴式编码的最终归宿，以开放式与主轴式编码所提炼的核心范畴为基础，进一步梳理与验证各核心范畴间关系。并将待完善的概念化范畴补充完整，形成整个理论推导的过程。该过程以完整故事线为核心主线，通过梳理核心范畴间关系，深入分析研究主题所呈现的特征，完成理论推导与构建。值得注意的是，核心范畴是理论推导与发展的关键，通过开放式与主轴式编码涌现出具有较强解释力与概括性的统领性范畴。

本小节基于完整故事线分析过程，提炼建设工程项目管理知识系统涌现过程中动力因素的核心范畴，并形成核心范畴典范模型的证据链，对原始材料进行不断回顾和分析。并且进行多轮质证，保证严谨与科学。通过系统选择和梳理主轴式编码的核心范畴，形成建设工程项目管理知识系统涌现过程中动力因素核心范畴的典范模型（如图 4 - 6 所示）。该模型是由动力因素的开放式编码与主轴式编码提炼出 3 个核心范畴及多个范畴属性，且存在强关联的逻辑系统，实现了建设工程项目管理知识系统涌现过程中动力因素核心范畴的理论推导与构建。其中，组织因素是建设工程项目管理知识系统涌现的关键支撑。组织结构是建设工程项目管理知识系统涌现的基本前提，跨组织学习是建设工程项目管理的知识系统涌现的重要途径，组织间关系促进跨组织学习从而影响建设工程项目管理的知识溢出效益；管理因素是建设工程项目管理知识系统涌现的重要推动力量。IT 基础设施建设有利于建设工程项目管理知识的存储与流动，知识共享是建设工程项目管理知识流动的关键环节，知识创造是建设工程项目管理知识更新的关键所在；环境因素驱动建设工程项目管理知识系统涌现。技术市场竞争环境与工程需求是从宏观与中观等不同层面促进建设工程项目管理知识创新，完善的知识产权法律为建设工程项目管理知识开发营造良好环境。此外，建设工程项目管理知识溢出效益为结果变量，完成建设工程项目管理知识系统涌现过程中动力因素核心范畴的理论推导与构建。

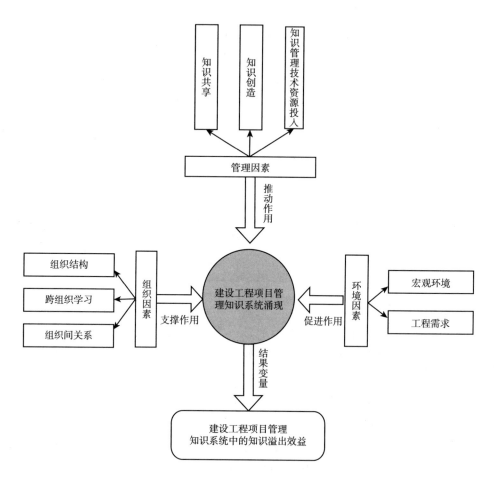

图4-6　核心范畴的典范模型

综上所述，本节基于扎根理论，实现建设工程项目管理知识系统涌现动力因素的初步识别工作，提炼其动力因素核心主范畴，总体归纳组织因素、管理因素及环境因素3个方面。其中，组织因素包括8个子范畴与18个基本概念；管理因素涉及5个子范畴与21个基本概念；环境因素涵盖4个子范畴与11个基本概念（如表4-11所示）。

表 4 – 11　　建设工程项目管理知识系统涌现动力因素初步识别清单

因素主范畴		子范畴	基本概念
组织因素	组织结构	有机型组织结构	组织结构扁平性
			组织结构灵活性
		机械型组织结构	组织结构标准化
			组织结构专业化
	跨组织学习	跨组织学习动机	跨组织学习愿望
			跨组织学习动力
		跨组织学习途径	供应链途径
			战略联盟途径
		跨组织学习投入	学术交流投入
			资金支持
	组织间关系	合作伙伴关系	组织间以往有合作
			组织间交往密切
			组织间合作伙伴关系
		商业契约关系	达成战略意向
			签订战略协议
			签订正式合同
		行政隶属关系	行政隶属
			亲缘关系
管理因素	知识共享	显性知识共享	公开论文
			著作
			发明专利
			工作文档
		隐性知识共享	电话及网络通信工具交流
			非办公场所当面交流
			工作报告会
			经验交流会
			项目研讨会
			培训与学习
	知识创造	项目服务过程类知识更新	前期决策知识
			设计阶段知识
			施工阶段知识

因素主范畴	子范畴		基本概念
管理因素	知识创造	项目管理功能知识创造	项目人资管理知识更新 项目质量管理知识更新 项目进度管理知识更新 项目安全管理知识更新 项目环保知识更新
	知识管理技术资源投入	IT 基础设施建设	信息管理技术 知识库 新兴信息技术
环境因素	宏观环境	技术市场竞争环境	新兴建造技术进步 智慧工地竞争
		知识产权法律环境	知识产权法律保护 具有自主知识产权的技术产品
	工程需求	工程难题	工程复杂特性 工程地质环境复杂 工艺极其复杂 技术难题
		预期目标	新技术开发 新设备研发 工程进度、成本、质量、安全及环境目标

4.2　调查问卷编制、发放及收集

4.2.1　问卷编制原则及内容

（1）问卷编制原则。问卷编制是开展问卷调查的前置条件。为获取对研究主题有用的信息，问卷编制质量极其关键，深刻影响调查问卷的质量与样本信息的有用性。王重鸣（1990）认为开展调查问卷的编制工作，应明确调研目的、编制问卷的基本准则，且在编制过程中注意格式、用语等问题。马庆国（2002）强调问卷编制前应充分考虑研究目的，并结合调研对象特点进行问卷编制。本问卷编制以文献研究、项目实例分析与访谈调研为基础，利用扎根理论方法对建设工程项目管理知识系统涌现动力因素与知识溢出效益的核心主范畴提炼。并在已有成熟量表的基础上，进行调整与融合。旨在确保调查问卷编制过程中的科学性与实用性，并遵循以下几点原则：第一，在测量量表编制过程中，以采用学术界成熟量表为优先原则。理由在于现有成熟量表是经学术界专家学者仔细推演与反复论证的结果，且经过验证。在借鉴成熟量表时，题项不可随意删减，需结合本书内容与研究情境不断修正并完善。第二，在对问卷题项进行编制时，要紧扣研究主题，题项应清晰、易懂、容易回答。特别应注意各题项间存在的逻辑性，且应避免存在逻辑错误的题项出现。第三，在问卷被调查者打分过程中，以李克特的 5 级为打分原则，从而方便被调查者的作答，同时也有利于所获取数据的后期处理。第四，在整个问卷编制过程中，坚持客观公正的原则。所编制的问题题项与答案应避免存在导向性，减少对被调查者的主观诱导。

（2）主要内容。调查问卷编制的关键在于问卷内容的设计以及量表测量题项的编制与选择，且这一过程会受到不同研究主题及研究目的的直接影响。本节编制并使用的调查问卷是以建设工程项目管理知识系统为研究主题，以识别建设工程项目管理知识系统涌现动力因素为目的，通过扎根理论方法已初步识别组织因素、管理因素及环境因素 3 个方面。结合研究目的，开展问卷编制工作，旨在获取真实有效的样本数据。为此，本问卷编制的主要内容由 3 个部分组成：第 1 部分需说明问卷调查的缘由、目标，并解释与研究相关的核心概念。主要对建设工程项目管理知识系统的核心概念进行界定，让被调查者能明晰此次问卷的核心概念与问卷用途；第 2 部分主要是为了收集问卷作答者的关键个人信息。如作答者性别、工作背景、教育经历，以及参与建设工程项目的类别等；第 3 部分是建设工程项目管理知识系统涌现动力因素与知识溢出效益的测量量表。涵盖组织结构、跨组织学习、组织间关系、知识共享、知识创造、知识管理技术资源投入、宏观环境、工程需求等动力因素量表，以及建设工程项目管理知识溢出效益测量量表。

调查问卷编制初步完成后，为确保该问卷编制问题题项表达的准确性与可操作性，特以专题小组讨论、专家深入访谈等形式开展本问卷预评估。并根据预评估结果，进一步完善调查问卷，以确保调查问卷的完备性与科学性。

4.2.2　问卷发放及数据收集

关于调查问卷的发放方式，选用定向发放与随机发放两种。定向发放对象主要是参与建设项目管理中的企业领导、项目经理及基层管理人员；并通过随机发放方式，发放问卷。随机发放问卷情况具体有 3 种：①经由 E-mail、微信及 QQ 等网上交流途径，逐一发放基于问卷星设计形成的问卷网址链接；②在微博、小木虫、人大经济论坛等网络互动学习平台上，持续、定期重复发放基于问卷星设计的线上问卷；③在建设工程项目调研时现场一对一发放纸质文档版的调查问卷。

调研结束时共收回问卷样本 298 份。再对其进行标准化剔除，剔除标准为问卷回答中具有多处缺失项、雷同程度高、不确定选项过多等特征。最终筛选得到有效问卷样本 251 份，有效问卷率达 85.6%。有效问卷来源渠道主要有两种，其中手机微信占 43.08%；网页链接提交占 32.69%（见表 4 – 12）。

表 4 – 12　　　　　　　　　　　问卷回收情况统计

问卷样本情况		份数	占比（%）
最终回收数量		298	
其中	无效问卷	47	15.77
	有效问卷	251	84.23
有效问卷来源	手机微信	135	53.78
	网页链接	116	46.22

有效问卷遍布于全国 24 个省份，主要以湖南、江苏、安徽、广西、上海、吉林及广东等省份为主；同时还收到来自国外的 6 份有效问卷。具体分布数据见表 4 – 13。

表 4－13　　　　　　　　　　有效问卷地理位置分布

序号	省份	数量	占比（%）	序号	省份	数量	占比（%）
1	湖南	74	29.48	14	重庆	5	1.99
2	江苏	24	9.56	15	江西	5	1.99
3	安徽	24	9.56	16	北京	6	2.39
4	广西	22	8.76	17	浙江	4	1.59
5	上海	15	5.98	18	山西	3	1.20
6	吉林	10	3.98	19	福建	2	0.80
7	广东	10	3.98	20	贵州	1	0.40
8	山东	9	3.59	21	黑龙江	1	0.40
9	云南	7	2.79	22	河北	1	0.40
10	湖北	7	2.79	23	辽宁	1	0.40
11	国外	6	2.39	24	内蒙古	1	0.40
12	河南	6	2.39	25	新疆	1	0.40
13	四川	6	2.39				

　　对有效样本填写对象进行统计，具体情况见表 4－14。发现男性占比 77.29%，女性仅为 22.71%。这符合工程项目建设的普遍现状；本科以上学历的占调查对象总量的 88.45%，表明调查对象具有较高的理论知识及专业素养。其中，达到 3 年以上工作年限的调查对象占比 60.16%。反映出调查对象具有较为丰富的工作经验，能够确保问卷填写的实测质量；本书的调查对象来自建设工程多个专业领域，如公路、铁路、隧道桥梁、房屋建筑及其他等，具有较好的广泛性及代表性；从填写者的工程项目角色来看，以政府业主、勘察设计、施工承包及高等院校居多，表明建设工程项目管理主要涉及这些参与单位。

表 4－14　　　　　　　　　回收样本情况基本数据统计

题项	具体内容	数量	占比（%）
性别	男	194	77.29
	女	57	22.71
学历	大专及以下	29	11.55
	本科	115	45.82
	硕士	85	33.86
	博士	22	8.77

续表

题项	具体内容	数量	占比（%）
工作年限	3 年以下	100	39.84
	4~6 年	66	26.29
	7~9 年	38	15.14
	10~15 年	27	10.76
	15~20 年	11	4.38
	20 年以上	9	3.59
主要参与（或熟悉）的工程项目	铁路工程	72	28.69
	公路工程	26	10.36
	市政公用工程	62	24.70
	房屋建筑工程	74	29.48
	水利水电工程	8	3.18
	其他	9	3.59
在工程项目管理中所承担的角色	政府业主	17	6.77
	设计勘察单位	26	10.36
	施工承包商	116	46.22
	工程监理单位	3	1.20
	材料设备供应商	3	1.20
	高等院校	47	18.72
	科研院所	7	2.79
	咨询中介	12	4.78
	其他	20	7.96

4.3 数据分析与动力因素确定

4.3.1 数据分析

（1）描述性统计。基于已收集的样本数据，测量建设工程项目管理知识系统涌现动力因素题项的平均值与标准差，详细结果如表 4-15 所示。依据计算结果，不难发现所测量的所有题项均值处在 3~4 之间，且绝大部分题项

标准差比 1 小。这表明该问卷测量题项集中度较高。换言之，所回收的样本
数据满足研究需求。

表 4 – 15　　建设工程项目管理知识系统涌现动力因素描述性统计

变量	测量题项	平均数	标准差	N
组织结构	VAR01 项目组织结构趋于扁平时，意味着建设工程项目纵向管理层级少	3.5307	0.87671	251
	VAR02 面对建设工程项目管理，灵活授权机制，让项目管理决策权趋于分散化与全面化	3.6829	0.90364	251
	VAR03 在建设工程项目管理过程中，提供丰富知识与多样化知识交流机会与知识学习路径	3.5896	0.96899	251
	VAR04 面向建设工程项目管理，组织间信息、知识交流与学习渠道的多样化，促进跨部门协作效率提升，有助于知识交流、知识组合及创造等活动开展	3.8920	0.96454	251
	VAR05 面向建设工程实施过程中所遇到工程技术问题，快速成立技术攻关跨组织临时机构，进行知识共享与创造，以实现工程技术创新与突破的目标	4.1072	0.86315	251
	VAR06 面向建设工程项目管理过程，各参建单位均高度协同实现一致的工程目标	4.1290	0.83016	251
	VAR07 在建设工程项目管理过程中，项目管理知识统一编码，有助于知识管理流程的标准化推行	4.2570	0.86591	251
	VAR08 面向建设工程项目管理，项目组织设计专业化的施工方案，制定建设工程知识管理规章、制度	3.8486	0.94030	251
跨组织学习	VAR09 基于共同的工程目标，各参建主体间具有强烈的跨组织学习愿望	3.6402	0.93543	251
	VAR10 以市场先进技术为导向，项目组织具有积极向外搜寻新知识的动力	4.0717	0.79677	251
	VAR11 建筑供应链中的企业，向其上下游建筑供应链合作伙伴进行知识交流，促进知识转移	4.0657	0.74305	251
	VAR12 参建单位以战略联盟的形式，与战略联盟伙伴进行知识共享，促进知识转移	4.2032	0.70608	251
	VAR13 参建单位鼓励员工参加行业性的学术会议	3.8127	1.00836	251
	VAR14 参建单位为获取外界的异质性知识投入资金支持	3.5618	1.00358	251

续表

变量	测量题项	平均数	标准差	N
组织间关系	VAR15 面向建设工程项目实施过程，两个参建主体间若存在以往合作经历，有助于促进各参建主体间互信	4.1233	0.75718	251
	VAR16 面向建设工程项目实施过程，两个参建主体间若存在战略合作框架，即参建主体间存在伙伴关系	3.7693	0.90576	251
	VAR17 面向建设工程项目实施过程，两个参建主体间存在长期合作协议，且以联合体的形式，开展建设工程项目管理活动	3.8163	0.78811	251
	VAR18 面向建设工程项目实施过程，两个参建主体间签订正式书面合同关系	3.7406	0.86703	251
	VAR19 面向建设工程项目实施过程，两个参建主体间同时隶属于某个集团，均属于集团公司下的子公司，从而存在亲缘关系	3.7685	0.90136	251
	VAR20 面向建设工程项目实施过程，两个参建主体间存在上下级关系，如集团公司与其子公司间的行政隶属关系	3.7588	0.86592	251
知识共享	VAR21 面向建设工程项目实施过程，员工遇到工程问题时，本人向该员工主动推荐相关期刊文献、专著等知识供其学习	3.8801	0.79132	251
	VAR22 面向建设工程项目实施过程，员工遇到工程问题时，本人向该员工主动推荐以往使用的工作文件等知识供其参考	3.9263	0.84763	251
	VAR23 在建设工程项目实施过程中，本人与其他组织个体以线上形式，如电话，微信等开展知识交流与探讨	3.8482	0.80380	251
	VAR24 在建设工程项目管理过程中，本人利用项目餐厅、走廊、宿舍等非办公区域向其他组织个体分享隐性知识，如工作经验等	4.2000	0.81000	251
	VAR25 在建设工程项目管理过程中，本人基于正式交流场合进行知识分享活动，如参加工程问题技术攻关研讨会，分享工作经验	3.7446	0.85850	251
	VAR26 在建设工程项目管理正式会议上，对项目建设管理问题，阐述个人观点、参与方案的讨论与确定	3.9304	0.86442	251
	VAR27 在建设工程项目管理过程中，本人参加企业组织的培训和讲座	3.9083	0.84956	251

续表

变量	测量题项	平均数	标准差	N
知识创造	VAR28 面向建设工程项目前期决策，根据建设工程项目特点，依托业主及咨询单位现有知识积累，创造本项目前期决策知识，同时更新项目组织决策知识	3.9402	0.75393	251
	VAR29 面向建设工程项目设计环节，根据业主需求与项目地址条件，依托设计院已有知识，以客户需求为导向，创新设计阶段的知识	3.9442	0.77774	251
	VAR30 面向建设工程项目施工环节，以工程难题为驱动，开展技术攻关，更新施工阶段的知识	4.0159	0.71536	251
	VAR31 在建设工程项目管理过程中，创新人才激励机制，引入先进人资管理模式	4.0438	0.76031	251
	VAR32 在建设工程项目管理过程中，结合先进质量管理理念，更新质量管理知识	4.0319	0.80435	251
	VAR33 在建设工程项目管理过程中，依托 BIM 等信息技术，更新进度管理方法	3.8287	0.90252	251
	VAR34 在建设工程项目管理过程中，结合装配式建筑技术，更新建筑安装过程中的安全知识	4.0717	0.73948	251
	VAR35 在建设工程项目管理过程中，依据建筑业高质量发展理念，更新项目环境保护知识	3.9801	0.78715	251
知识管理技术资源投入	VAR36 本组织拥有并广泛应用项目管理信息技术，如建设工程项目管理系统，现场管理指挥调度系统等，以实现信息、知识的存储与积累	4.1072	0.84626	251
	VAR37 本组织拥有并广泛应用建设项目管理知识库、数据库	3.7135	0.929903	251
	VAR38 本组织建立建设工程项目管理密切相关的网站或网页信息库	3.8721	0.83978	251
	VAR39 本组织借助新技术，与其他参建组织实现信息、知识等资源的交互与共享	3.8108	0.91783	251

变量	测量题项	平均数	标准差	N
宏观环境	VAR40 智能建设装备促进项目管理知识更新	4.0119	0.77132	251
	VAR41 人工智能技术、物联网技术、VR 技术引发建筑企业知识学习与创造	3.9207	0.81203	251
	VAR42BIM 技术、门禁系统、智能安全监控系统等技术让工程现场管理更加智慧化，促进参建单位知识更新	3.7247	0.82065	251
	VAR43 在工程技术攻关过程中，知识产权法律环境让各组织更加放心分享核心技术	3.9327	0.79733	251
	VAR44 在工程技术攻关过程中，知识产权法律环境让异质性知识流动更加顺畅，结合本企业已有知识，进行技术创新，形成具有自主知识产权的技术产品	3.6179	0.93928	251
工程需求	VAR45 面对建设工程复杂的结构设计，对已有施工设备与工艺等条件提出新的挑战	3.8928	0.87076	251
	VAR46 面对繁杂严峻的建设工程地质条件，现有设计勘探技术尚未能解决，亟须技术与知识创新	3.7135	0.92903	251
	VAR47 面对建设工程施工过程，依旧存在诸多建设工程技术难题	3.9121	0.84978	251
	VAR48 建设工程项目初期，制定技术创新、知识创造等新目标，以确保整个建设工程项目顺利实施	3.8108	0.90683	251
	VAR49 通过技术创新与知识创新，实现项目工期、成本、质量、安全等目标	4.0129	0.74132	251

（2）信度分析。利用问卷调查研究相关问题要进行可靠性和稳定性检验，也就是信度分析。目前主要的信度分析有以下几种：重测信度检验、复本信度检验以及内部一致性信度检验。一般信度系数越大，则表明问卷中设置的题项内在一致性较高，问卷的可信度就越大。信度系数常用 Cronbach's Alpha 值表示。Cronbach's Alpha 值在 0.7 以下，表明信度不高，真实性有待考量，问卷需要进一步修改；Cronbach's Alpha 值在 0.7 ~ 0.8 之间，表明信

度达标，问卷具有一定可信度；Cronbach's Alpha 值高于 0.8，表明信度高，问卷具有高的可信度。本书采用内部一致性信度检验方法检验问卷的信度，通过 SPSS22.0 软件进行计算，得到最终检验结果，如表 4 – 16 所示。本问卷测得题项总量表 Cronbach's Alpha 值为 0.876，分量表也都大于 0.7。说明该问卷总量表信度极佳，分量表信度也较高。各题项具有较高的内在一致性，能可靠测度潜在变量。

表 4 – 16　　　　　　　　　　　　问卷的可靠性检测结果

潜在变量	题项数	Cronbach Alpha 值（分量表）	Cronbach Alpha 值（总量表）
组织结构	8	0.725	
跨组织学习	6	0.867	
组织间关系	6	0.742	
知识共享	7	0.831	0.876
知识创造	8	0.789	
知识管理技术资源投入	4	0.726	
宏观环境	5	0.758	
工程需求	5	0.871	

问卷的可靠性不能仅通过 Cronbach's Alpha 值完全反映。学术界中一般会删去一定题项后再进行信度分析，补充验证已有结论，一般采用"校正项目与总项相关性"系数（corrected item-total correlation，CITC）进行判断。CITC 系数值越高，则表明题项内部一致性越高。在删除一定题项后，继续用 Cronbach's Alpha 值分析。若在删除一定题项后检测发现 Cronbach's Alpha 值变大，则表明删除后的题项内部一致性更好。本问卷各分量表检验结果如表 4 – 17 所示。

（3）结构效度检验。调查问卷能否反映研究主题，所收集的数据能否测算研究目标，为解决上述问题必须要进行效度检验。本书采用探索性因子研究方法进行效度检验，检验数据的架构效度，以此判断问卷的质量。探索性因子研究方法主要是挖掘不同测量条目的本质结构，对其公共因子进行提炼。在进行探索性因子分析之前，要检验收集到的数据是否合适，一般采用 KMO 值与 Bartlett 球形度进行检验。若 KMO 值大于 0.9，则表明问卷的测量题项中存在共同因子，可以开展因子分析；若 KMO 值位于 0.8 ~ 0.9 之间，则较为合适；若 KMO 值位于 0.7 ~ 0.8 之间，则勉强接受；若更低则应该舍弃问卷测度结果。

表4-17 所有问卷题项信度检验结论

因素变量	更正项总计相关性	已删 Cronbach's α 值	因素变量	更正项总计相关性	已删 Cronbach's α 值
VAR01	0.544	0.934	VAR26	0.655	0.934
VAR02	0.613	0.934	VAR27	0.663	0.934
VAR03	0.541	0.934	VAR28	0.609	0.934
VAR04	0.539	0.934	VAR29	0.725	0.937
VAR05	0.601	0.934	VAR30	0.679	0.937
VAR06	0.494	0.934	VAR31	0.652	0.934
VAR07	0.532	0.934	VAR32	0.664	0.934
VAR08	0.579	0.934	VAR33	0.586	0.934
VAR09	0.542	0.934	VAR34	0.663	0.934
VAR10	0.564	0.934	VAR35	0.715	0.937
VAR11	0.590	0.934	VAR36	0.705	0.937
VAR12	0.515	0.934	VAR37	0.673	0.934
VAR13	0.399	0.965	VAR38	0.686	0.937
VAR14	0.515	0.934	VAR39	0.652	0.934
VAR15	0.505	0.934	VAR40	0.688	0.937
VAR16	0.603	0.934	VAR41	0.612	0.934
VAR17	0.663	0.934	VAR42	0.634	0.934
VAR18	0.703	0.937	VAR43	0.596	0.934
VAR19	0.597	0.934	VAR44	0.628	0.934
VAR20	0.607	0.934	VAR45	0.505	0.934
VAR21	0.630	0.934	VAR46	0.505	0.934
VAR22	0.646	0.934	VAR47	0.505	0.934
VAR23	0.624	0.934	VAR48	0.505	0.934
VAR24	0.628	0.934	VAR49	0.505	0.934
VAR25	0.593	0.934			

第一，组织结构。

①KMO 值与 Bartlett 球形度检验。根据所编制的调查问卷，组织结构测量量表对应的题项有8项。整理所回收的调查问卷样本数据，并导入 SPSS 软件中，开展 KMO 值与 Bartlett 球形度检验工作，检验结果见表4-18。其中，

KMO 值 = 0.832，且 P = 0，具有较强显著性。说明相关矩阵中存在共同因子，符合开展因子分析的条件。

表 4 – 18　　　　　　　　　　　　KMO 和 Bartlett 检测结果

取样足够度的 KMO 值		0.832
Bartlett 球形度检验	卡方	3 012.256
	自由度	45
	显著性	0

②探索性因子分析。基于主成分分析和最大方差算法，经多次正交矩阵旋转后，求解获取其共同因子。通过计算组织结构的因子旋转荷载矩阵（具体结果如表 4 – 19 所示），组织结构所涵盖的 8 个测量题项收敛成 2 个主成分，且旋转后的因子荷载均在 0.83 以上，结构效度区分良好。依据探索性因子分析结果，提炼项目组织结构的主成分构成包含两个维度，分别为机械型组织结构和有机型组织结构。其中，有机型组织结构显现出扁平性与灵活性特点；机械型组织结构更加注重管理流程的标准性与制度化。

表 4 – 19　　　　　　　　　　组织结构因子旋转载荷矩阵

测量题项	1	2
VAR01 项目组织结构趋于扁平时，意味着建设工程项目纵向管理层级少	0.881	
VAR02 面对建设工程项目管理，灵活授权机制，让项目管理决策权趋于分散化与全面化	0.831	
VAR03 在建设工程项目管理过程中，提供丰富知识与多样化知识交流机会与知识学习路径	0.851	
VAR04 面向建设工程项目管理，组织间信息、知识交流与学习渠道的多样化，促进跨部门协作效率提升，有助于知识交流、知识组合及创造等活动开展	0.862	
VAR05 面向建设工程实施过程中所遇到的工程技术问题，快速成立技术攻关跨组织临时机构，进行知识共享与创造，以实现工程技术创新与突破的目标	0.879	
VAR06 面向建设工程项目管理过程，各参建单位均高度协同实现一致的工程目标	0.893	
VAR07 在建设工程项目管理过程中，项目管理知识统一编码，有助于知识管理流程的标准化推行		0.847
VAR08 面向建设工程项目管理，项目组织设计专业化的施工方案，制定建设工程知识管理规章、制度		0.885

第二，跨组织学习。

①KMO 值与 Bartlett 球形度检验。根据所编制的调查问卷，跨组织学习测量量表对应的题项有 8 项。整理所回收的调查问卷样本数据，并导入 SPSS 软件中，开展 KMO 值与 Bartlett 球形度检验工作，分析结果见表 4 – 20。其中，KMO 值 = 0.865，且 P = 0 具有较强显著性。说明相关矩阵中存在共同因子，符合开展因子分析的条件。

表 4 – 20　　　　　　　　KMO 和 Bartlett 检测结果

取样足够度的 KMO 值		0.865
Bartlett 球形度检验	卡方	1 149.526
	自由度	38
	显著性	0

②探索性因子分析。基于主成分分析和最大方差算法，经多次正交矩阵旋转后，求解获取其共同因子。通过计算跨组织学习的因子旋转荷载矩阵，具体结果如表 4 – 21 所示。跨组织学习所涵盖的 6 个测量题项收敛成 3 个主成分，且旋转后的因子荷载均在 0.7 以上，结构效度区分良好。

表 4 – 21　　　　　　　　跨组织学习因子旋转载荷矩阵

测量题项	1	2	3
VAR09 基于共同的工程目标，各参建主体间具有强烈的跨组织学习愿望	0.831		
VAR10 以市场先进技术为导向，项目组织具有积极向外搜寻新知识的动力	0.852		
VAR11 建筑供应链中的企业，向其上下游建筑供应链合作伙伴进行知识交流，促进知识转移		0.828	
VAR12 参建单位以战略联盟的形式，与战略联盟伙伴进行知识共享，促进知识转移		0.787	
VAR13 参建单位鼓励员工参加行业性的学术会议			0.714
VAR14 参建单位为获取外界的异质性知识投入资金支持			0.723

第三，组织间关系。

①KMO 值与 Bartlett 球形度检验。根据所编制的调查问卷，组织结构测量量表对应的题项有 8 项。整理所回收的调查问卷样本数据，并导入 SPSS 软

件中，进行 KMO 值与 Bartlett 球形度检验，具体结果如表 4 - 22 所示。其中，KMO 值 = 0. 821，且 P = 0，具有较强显著性。说明相关矩阵中存在共同因子，符合开展因子分析的条件。

表 4 - 22　　　　　　　　　　　　**KMO 和 Bartlett 检测结果**

取样足够度的 KMO 值		0. 821
Bartlett 球形度检验	卡方	1 045. 107
	自由度	24
	显著性	0

②探索性因子分析。基于主成分分析和最大方差算法，经多次正交矩阵旋转后，求解获取其共同因子。通过计算跨组织学习的因子旋转荷载矩阵（具体结果如表 4 - 23 所示），跨组织学习所涵盖的 6 个测量题项收敛成 3 个主成分，且旋转后的因子荷载均在 0. 7 以上，结构效度区分良好。依据探索性因子分析结果，不难发现组织间关系由 3 大主成分组成，分别为合作伙伴关系、商业契约关系及行政隶属关系。其中，合作伙伴关系强调组织间互信与合作经历；商业契约关系以组织间正式书面合同或协议为准则，开展合作；行政隶属关系强调上下级的形成隶属或同级同隶属的亲缘关系。

表 4 - 23　　　　　　　　　　**组织间关系因子旋转载荷矩阵**

测量题项	1	2	3
VAR15 面向建设工程项目实施过程，两个参建主体间若存在以往合作经历，有助于促进各参建主体间互信	0. 768		
VAR16 面向建设工程项目实施过程，两个参建主体间若存在战略合作框架，即参建主体间存在伙伴关系	0. 773		
VAR17 面向建设工程项目实施过程，两个参建主体间存在长期合作协议，且以联合体的形式开展建设工程项目管理活动		0. 839	
VAR18 面向建设工程项目实施过程，两个参建主体间签订正式书面合同关系		0. 821	
VAR19 面向建设工程项目实施过程，两个参建主体间同时隶属于某个集团，均属于集团公司下的子公司，从而存在亲缘关系			0. 796
VAR20 面向建设工程项目实施过程，两个参建主体间存在上下级关系，如集团公司与其子公司间的行政隶属关系			0. 799

第四，知识共享。

①KMO 值与 Bartlett 球形度检验。根据所编制的调查问卷，知识共享测量量表对应的题项有 7 项。整理所回收的调查问卷样本数据，并导入 SPSS 软件中，开展 KMO 值与 Bartlett 球形度检验工作，检测结果见表 4 – 24。其中，KMO 值 = 0.836，且 P = 0，具有较强显著性。说明相关矩阵中存在共同因子，符合开展因子分析的条件。

表 4 – 24   KMO 和 Bartlett 检测结果

KMO 取样适切性量数		0.836
Bartlett 球形度检验	卡方	1 132.427
	自由度	29
	显著性	0

②探索性因子分析。基于主成分分析和最大方差算法，经多次正交矩阵旋转后，求解获取其共同因子。通过计算跨知识共享的因子旋转荷载矩阵（具体结果如表 4 – 25 所示），知识共享所涵盖的 7 个测量题项收敛成 2 个主成分，且旋转后的因子荷载均在 0.75 以上，结构效度区分良好。依据探索性因子分析结果，不难发现知识共享由 2 大主成分组成，分别为显性知识共享与隐性知识共享。其中，显性知识的存在是实现知识共享的基础条件。显性知识主要体现在期刊、专著以及专利等公开资料的分享，还有日常工作与事务中积累的个人手稿、工作文档的共享；隐性知识则是提高知识共享质量、实现知识质的增长的关键。隐形知识的分享与交流一般会经由工作中正式会议（如项目研讨与方案确定会、项目流程报告与工作总结会等）、工作以外的非正式交流（如项目成员基于电话、微信及 QQ 等工具的工作经验、技艺等的交流），以及建筑企业、项目组等组织培训与学习等形式实现。

表 4 – 25   知识共享因子旋转载荷矩阵

测量题项	1	2
VAR21 面向建设工程项目实施过程，员工遇到工程问题，本人向该员工主动推荐相关期刊文献、专著等知识供其学习	0.886	
VAR22 面向建设工程项目实施过程，员工遇到工程问题，本人向该员工主动推荐以往使用的工作文件等知识供其参考	0.862	

续表

测量题项	1	2
VAR23 在建设工程项目实施过程中，本人与其他组织个体以线上形式，如电话、微信等开展知识交流与探讨		0.781
VAR24 在建设工程项目管理过程中，本人利用项目餐厅、走廊、宿舍等非办公区域向其他组织个体分享隐性知识，如工作经验等		0.776
VAR25 在建设工程项目管理过程中，本人基于正式交流场合进行知识分享活动，如参加工程问题技术攻关研讨会，分享工作经验		0.791
VAR26 在建设工程项目管理正式会议上，对项目建设管理问题，阐述个人观点、参与方案的讨论与确定		0.782
VAR27 在建设工程项目管理过程中，本人参加企业组织的培训和讲座		0.765

第五，知识创造。

①KMO 值与 Bartlett 球形度检验。根据所编制的调查问卷，知识创造测量量表对应的题项有 8 项。整理所回收的调查问卷样本数据，并导入 SPSS 软件中，进行 KMO 值与 Bartlett 球形度检验，具体结果如表 4 - 26 所示。其中，KMO 值 = 0.875，且 P = 0，具有较强显著性。代表相关矩阵中存在共同因子，适合开展因子分析。

表 4 - 26　　　　　　　　　　KMO 和 Bartlett 检测结果

取样足够度的 KMO 值		0.875
Bartlett 球形度检验	卡方	2 169.607
	自由度	53
	显著性	0

②探索性因子分析。基于主成分分析和最大方差算法，经多次正交矩阵旋转后，求解获取其共同因子。通过计算知识创造的因子旋转荷载矩阵，具体结果如表 4 - 27 所示。跨知识创造所涵盖的 8 个测量题项收敛成 2 个主成分，且旋转后的因子荷载均在 0.7 以上，结构效度区分良好。

表 4 - 27　　　　　　　　　　知识创造因子旋转载荷矩阵

测量题项	1	2
VAR28 面向建设工程项目前期决策，根据建设工程项目特点，依托业主及咨询单位现有知识积累，创造本项目前期决策知识，同时更新项目组织决策知识	0.771	

续表

测量题项	1	2
VAR29 面向建设工程项目设计环节，根据业主需求与项目地址条件，依托设计院已有知识，以客户需求为导向，创新设计阶段的知识	0.756	
VAR30 面向建设工程项目施工环节，以工程难题为驱动，开展技术攻关，更新施工阶段的知识	0.791	
VAR31 在建设工程项目管理过程中，创新人才激励机制，引入先进人资管理模式		0.894
VAR32 在建设工程项目管理过程中，结合先进质量管理理念，更新质量管理知识		0.857
VAR33 在建设工程项目管理过程中，依托 BIM 等信息技术，更新进度管理方法		0.889
VAR34 在建设工程项目管理过程中，结合装配式建筑技术，更新建筑安装过程中的安全知识		0.841
VAR35 在建设工程项目管理过程中，依据建筑业高质量发展理念，更新项目环境保护知识		0.835

依据探索性因子分析结果，不难发现知识创造由 2 大主成分组成，分别为项目服务过程类知识更新、项目管理功能知识创造。其中，项目服务过程类知识有前期决策知识、设计阶段知识、施工阶段知识；项目管理功能知识创造包括项目组织人资知识、质量管理知识、进度管理知识、安全管理知识及项目环保知识等知识更新。

第六，知识管理技术资源投入。

①KMO 值与 Bartlett 球形度检验。依据所编制调查问卷，知识管理技术资源投入测量量表对应的题项有 8 项。整理所回收的调查问卷样本数据，并导入 SPSS 软件中，进行 KMO 值与 Bartlett 球形度检验，具体结果如表 4 – 28 所示。其中，KMO 值 = 0.863，且 P = 0，具有较强显著性。代表相关矩阵中存在共同因子，适合开展因子分析。

表 4 – 28   **KMO 和 Bartlett 检测结果**

取样足够度的 KMO 值		0.863
Bartlett 球形度检验	卡方	2 365.607
	自由度	51
	显著性	0

②探索性因子分析。基于主成分分析和最大方差算法，经多次正交矩阵旋转后，求解获取其共同因子。通过计算知识管理技术资源投入的因子旋转荷载矩阵，具体结果如表 4 - 29 所示。跨组织学习所涵盖的 4 个测量题项收敛成 1 个主成分，且旋转后的因子荷载均在 0.61 以上。

表 4 - 29　　　　　　　知识管理技术资源投入旋转载荷矩阵

测量题项	1
VAR36 本组织拥有并广泛应用项目管理信息技术，如建设工程项目管理系统，现场管理指挥调度系统等，以实现信息、知识的存储与积累	0.647
VAR37 本组织拥有并广泛应用建设项目管理知识库、数据库	0.651
VAR38 本组织建立建设工程项目管理密切相关的网站或网页信息库	0.612
VAR39 本组织借助新技术，与其他参建组织实现信息、知识等资源的交互与共享	0.658

依据探索性因子分析结果，不难发现知识管理技术资源投入实际上属于 IT 基础设施建设，由信息管理、知识库、新兴信息技术等题项组成，为建设工程项目管理知识系统的基础设施提供支撑。

第七，宏观环境。

①KMO 值与 Bartlett 球形度检验。根据所编制的调查问卷，宏观环境测量量表对应的题项有 8 项。整理所回收的调查问卷样本数据，并导入 SPSS 软件中，进行 KMO 值与 Bartlett 球形度检验，具体结果如表 4 - 30 所示。其中，KMO 值 = 0.849，且 P = 0，具有较强显著性。代表相关矩阵中存在共同因子，适合开展因子分析。

表 4 - 30　　　　　　　**KMO 和 Bartlett 检测结果**

取样足够度的 KMO 值		0.849
Bartlett 球形度检验	卡方	2 665.407
	自由度	53
	显著性	0

②探索性因子分析。基于主成分分析和最大方差算法，经多次正交矩阵旋转后，求解获取其共同因子。通过计算宏观环境的因子旋转荷载矩阵，具体结果如表 4 - 31 所示。宏观环境所涵盖的 5 个测量题项收敛成 2 个主成分，且旋转后的因子荷载均在 0.8 以上，结构效度区分良好。

表 4 - 31   宏观环境因子旋转载荷矩阵

测量题项	1	2
VAR40 智能建设装备促进项目管理知识更新	0.811	
VAR41 人工智能技术、物联网技术、VR 技术引发建筑企业知识学习与创造	0.816	
VAR42 BIM 技术、门禁系统、智能安全监控系统等技术让工程现场管理更加智慧化，促进参建单位知识更新	0.8575	
VAR43 在工程技术攻关过程中，知识产权法律环境让各组织更加放心分享核心技术		0.846
VAR44 在工程技术攻关过程中，知识产权法律环境让异质性知识流动更加顺畅，结合本企业已有知识，进行技术创新，形成具有自主知识产权的技术产品		0.827

依据探索性因子分析结果，不难发现宏观环境由 2 大主成分组成，分别为技术市场竞争环境和知识产权法律环境。其中，技术市场竞争环境是随着人工智能、物联网、点云、大数据等新兴技术逐渐引入建筑业市场，倒逼建筑企业知识创新；知识产权法律环境意味着健全的知识产权法律环境可以促进异质性知识更加顺畅流动。

第八，工程需求。

①KMO 值与 Bartlett 球形度检验。根据所编制的调查问卷，工程需求测量量表对应的题项有 5 项。整理所回收的调查问卷样本数据，并导入 SPSS 软件中，进行 KMO 值与 Bartlett 球形度检验，具体结果如表 4 - 32 所示。其中，KMO 值 = 0.821，且 P = 0，具有较强显著性。代表相关矩阵中存在共同因子，适合开展因子分析。

表 4 - 32   **KMO 和 Bartlett 检测结果**

取样足够度的 KMO 值		0.821
Bartlett 球形度检验	卡方	1 374.231
	自由度	32
	显著性	0

②探索性因子分析。基于主成分分析和最大方差算法，经多次正交矩阵旋转后，求解获取其共同因子。通过计算工程需求的因子旋转荷载矩阵，具

体结果如表 4 - 33 所示。工程需求所涵盖的 5 个测量题项收敛成 2 个主成分，且旋转后的因子荷载均在 0.75 以上，结构效度区分良好。

表 4 - 33　　　　　　　　　　工程需求因子旋转载荷矩阵

测量题项	1	2
VAR45 由于建设工程项目的结构设计较为复杂，现有施工设备与工艺水平难以满足设计与建设需求	0.769	
VAR46 面对繁杂严峻的建设工程地质条件，现有设计勘探技术尚未能解决，亟须技术与知识创新	0.783	
VAR47 面对建设工程施工过程，依旧存在诸多建设工程技术难题	0.791	
VAR48 建设工程项目初期，制定技术创新、知识创造等新目标，以确保整个建设工程项目顺利实施		0.821
VAR49 通过技术创新与知识创新，实现项目工期、成本、质量、安全等目标		0.834

依据探索性因子分析结果，不难发现工程需求由 2 大主成分组成，分别为工程难题与预期目标。其中，工程难题强调工程地质条件与结构设计极为复杂，遇到施工技术难题；预期目标主要涉及完成工程的 5 大目标及创新目标等。

4.3.2　动力因素确定

通过运用扎根理论对建设工程项目管理知识系统涌现动力因素进行三级编码提取。基于实例分析，开展动力因素构建理论饱和度测试，结果较好。再结合调查问卷所收集样本数据，开展探索性因子分析，正式确定建设工程项目管理知识系统涌现动力因素分别由组织因素、管理因素及环境因素等 3 个方面组成（见表 4 - 34）。

表 4 - 34　　　　　建设工程项目管理知识系统涌现动力因素

因素类别		子因素	具体动力因素指标
组织因素	组织结构	有机型组织结构	组织结构扁平性
			组织结构灵活性
		机械型组织结构	组织结构标准化
			组织结构专业化

因素类别		子因素	具体动力因素指标
组织因素	跨组织学习	跨组织学习动机	跨组织学习愿望
			跨组织学习动力
		跨组织学习途径	供应链途径
			战略联盟途径
		跨组织学习投入	学术交流投入
			资金支持
	组织间关系	合作伙伴关系	组织间以往有合作
			组织间交往密切
			组织间合作伙伴关系
		商业契约关系	达成战略意向
			签订战略协议
			签订正式合同
		行政隶属关系	行政隶属
			亲缘关系
管理因素	知识共享	显性知识共享	公开论文
			著作
			发明专利
			工作文档
		隐性知识共享	电话及网络通信工具交流
			非办公场所当面交流
			正式会议、学习交流过程中的隐性知识分享
	知识创造	项目服务过程类知识更新	前期决策知识
			设计阶段知识
			施工阶段知识
		项目管理功能知识创造	项目人资管理知识更新
			项目质量管理知识更新
			项目进度管理知识更新
			项目安全管理知识更新
			项目环保知识更新
	知识管理技术资源投入	IT 基础设施建设	信息管理技术
			知识库
			新兴信息技术

续表

因素类别		子因素	具体动力因素指标
环境因素	宏观环境	技术市场竞争环境	新兴建造技术进步 智慧工地竞争
		知识产权法律环境	知识产权法律保护 具有自主知识产权的技术产品
	工程需求	工程难题	工程结构复杂 工程地质环境复杂 工艺极其复杂 技术难题
		预期目标	新技术开发 新设备研发 工程进度、成本、质量、安全及环境目标

4.4　本章小结

　　本章以建设工程项目管理知识系统涌现动力因素的识别与提炼为主要任务。首先，阐释扎根理论原理及过程。基于文献调研与访谈记录分析，获取扎根理论所需的原始资料。并借助扎根理论，初步识别建设工程项目管理知识系统涌现的动力因素，包括组织因素、管理因素及环境因素。其中，组织因素涉及组织结构、跨组织学习、组织间关系等因素；管理因素涵盖知识共享、知识创造、知识管理技术资源投入等方面；环境因素指宏观环境与工程需求，并挖掘建设工程项目管理知识溢出效益等主要范畴。其次，对其开展问卷调查，编制问卷并发放。根据所获取的问卷样本开展数据分析工作。最后，确定建设工程项目管理知识系统涌现的动力因素。本章为后续章节的系统涌现动力学模型构建与仿真分析奠定了基础。

第5章 建设工程项目管理知识系统涌现的影响机理模型构建与检验

通过第4章因素识别与样本数据分析，借助探索性因子分析，明晰了建设工程项目管理知识系统涌现的关键影响因素涉及组织、管理及环境等层面的因素。为进一步揭示建设工程项目管理知识系统涌现的影响机理，本章首先构建影响机理模型，并从组织因素、管理因素及环境因素等不同维度，提出研究假设，构建机理模型，运用结构方程模型方法，计算结果并进行分析讨论。

5.1 机理框架模型构建与数据分析检验

5.1.1 机理框架模型构建

为进一步揭示建设工程项目管理知识系统涌现的影响机理，回答建设工程项目管理过程中关键影响因素如何作用的管理知识系统的关键问题，本书以建设工程项目管理知识系统绩效为结果变量，从组织因素、管理因素及环境因素视角，分析建设工程项目管理知识系统涌现的影响机理模型。

一方面，经前文分析，建设工程项目管理知识系统是跨组织的知识系统，涉及建设工程项目管理过程中的业主、施工单位、咨询单位及高校等不同知识主体（组织），涵盖知识学习获取、存储积累、共享传播、应用创造等活动。结合工程实践情境，在宏观环境与工程需求的作用下，促进建设工程项目管理知识创造。

另一方面，已有研究表明，组织因素、管理因素及环境因素共同作用于建设工程项目管理知识系统绩效。黄（Huang, 2009）指出知识创新是一个复杂的过程，涉及个体、组织和环境等要素的相互作用。迪克曼等（Dikmen et al.，2005）从多维视角分析建设工程技术知识创新的关键影响因素中发现，环境、资源及组织等单个因素均难以阐释建设工程知识创新，强调建设工程知识创新是这些因素相互影响与作用的结果。奥兹（Ozorhon，2012）基于项目层面，分析了组织在工程知识创新投入、管理及环境等综合作用于知识创新系统绩效的机理。

因此，本章节依据第3章对建设工程项目管理知识系统架构与涌现过程的分析，结合第4章的扎根理论，以文献研究与案例项目研究所获取数据为样本，识别建设工程项目管理知识系统涌现的关键影响因素，从而构建建设工程项目管理知识系统涌现的影响机理框架模型，如图5-1所示。

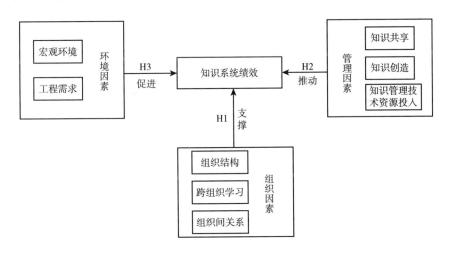

图5-1 建设工程项目管理知识系统涌现的影响机理框架模型

组织作为建设工程项目管理知识主体要素存在，是建设工程项目管理知识系统涌现的关键支撑，也是知识主体系统的重要内容。基于建设工程项目管理知识主体的不同类型及特点分析，并通过组织结构、跨组织学习及组织间关系等因素，深刻影响建设工程项目管理知识系统绩效。管理因素是建设工程项目管理知识管理与物质载体系统的重要内容，通过知识共享、知识创造及知识管理技术资源投入等因素推动建设工程项目管理知识系统绩效的提升。环境因素往往通过宏观环境和工程需求等因素对建设工程项目管理知识系统绩效具有一定促进作用。再分别建立建设工程项目管理知识系统涌现影响机理的结构方程模型，探索组织因素、管理因素及环境因素对建设工程项目管理知识系统绩效的作用路径及程度。具体研究内容见5.2节、5.3节及5.4节。

5.1.2 知识系统绩效数据采集及分析

鉴于第4章已经识别与提炼建设工程项目管理知识系统影响因素，并开展影响因素变量量表测算与数据分析，结果表明其信度、效度均满足数据分析要求，则可利用上述数据，导入结构方程模型中进行机理分析与检验。而所获取的知识系统绩效数据还未进行分析。以下将对建设工程项目管理知识系统绩效测量量表进行数据分析。

（1）描述性统计。针对建设工程项目管理知识系统涌现的影响因素中所有测量题项，计算均值及标准差，结果如表5-1所示。不难发现所测量题项均值介于3~4之间，而大部分题项标准差比1小，整体说明调查问卷测量题项集中度高。换言之，回收样本数据符合研究需要。

表5-1 　　　　　　　建设工程项目管理知识系统绩效的描述性统计

变量	测量题项	平均数	标准差	N
知识系统绩效	VAR50 在建设工程项目管理知识系统涌现过程中，个体因直接参与项目管理，积累项目管理经验，促进知识整合与知识创造	3.8207	0.86471	212
	VAR51 在建设工程项目管理知识系统涌现过程中，个体参与技术方案的编制，提升个体技术分析能力，个体参与项目现场管理，及时处理现场管理问题，提升个体项目管理能力	3.7729	0.91664	212
	VAR52 在建设企业知识库管理系统过程中，梳理分析企业内部原有信息知识以及知识间的逻辑关系，并通过先进信息技术，重新归纳整合企业知识，实现知识库目录框架的规范，有效内容的深度挖掘、筛选与重组，进而提高知识的高效利用率	3.5896	0.96899	212
	VAR53 企业基于已有技术装备，以工程难题为导向，开展技术攻关，进行技术研发。通过获取异质性知识，实施知识创新	4.2072	0.87915	212

续表

变量	测量题项	平均数	标准差	N
知识系统绩效	VAR54 通过建设工程项目管理知识系统，实现技术知识共享与创造，实现创新目标。在知识系统辅助下，项目进度、成本、质量、安全及环境目标顺利得到推进与实现	4.2590	0.82016	212
	VAR55 项目先进的功能离不开技术知识支持，以项目性能最大化为导向，实现项目技术知识水平提升	4.2470	0.83591	212

（2）KMO 值与 Bartlett 球形度检验。根据所编制的调查问卷，知识系统绩效测量量表对应的题项有 6 项。整理所回收的调查问卷样本数据，并导入 SPSS 软件中，开展 KMO 值与 Bartlett 球形度检验工作，具体结果见表 5 − 2。其中，KMO 值 = 0.884，且 P = 0.000，具有较强显著性。证明相关矩阵中存在共同因子，符合开展因子分析的条件。

表 5 − 2　　　　　　　　**KMO 和 Bartlett 检测结果**

取样足够度的 KMO 值		0.884
Bartlett 球形度检验	卡方	4 352.276
	自由度	50
	显著性	0.000

（3）探索性因子分析。基于主成分分析和最大方差算法，经多次正交矩阵旋转后，求解获取其共同因子。通过计算知识系统绩效的因子旋转荷载矩阵，具体结果如表 5 − 3 所示。知识系统绩效所涵盖的 6 个测量题项收敛成 3 个主成分，且旋转后的因子荷载均在 0.73 以上，结构效度区分良好。

表 5 − 3　　　　　　　　**知识系统绩效因子旋转载荷矩阵**

测量题项	1	2	
VAR50 在建设工程项目管理知识系统涌现过程中，个体因直接参与项目管理，积累了项目管理经验，促进了知识整合与知识创造	0.763		
VAR51 在建设工程项目管理知识系统涌现过程中，个体参与技术方案的编制，提升个体技术分析能力，个体参与项目现场管理，及时处理现场管理问题，提升个体项目管理能力	0.737		

续表

测量题项	1	2
VAR52 在建设企业知识库管理系统过程中，梳理分析企业内部原有信息知识以及知识间的逻辑关系，并通过先进信息技术，重新归纳整合企业知识，实现知识库目录框架的规范，有效内容的深度挖掘、筛选与重组，进而提高知识的高效利用率		0.789
VAR53 企业基于已有技术装备，以工程难题为导向，开展技术攻关，进行技术研发。通过获取异质性知识，实施知识创新		0.791
VAR54 通过建设工程项目管理知识系统，实现技术知识共享与创造，及其创新目标。在知识系统辅助下，项目进度、成本、质量、安全及环境目标得到顺利推进与实现		0.759
VAR55 项目先进的功能离不开技术知识支持，以项目性能最大化为导向，实现项目技术知识水平提升		0.735

依据探索性因子分析结果，不难发现知识系统绩效包括 3 个主成分，分别为个体知识绩效、企业绩效及项目绩效，从个体、企业及项目不同层面展示知识系统绩效。个体知识绩效强调个体知识更新与个体能力提升运用；企业层面注重企业创新能力提升与知识管理水平提升；项目绩效关注项目目标实现与性能达到预期目标。

5.1.3 结构方程模型检验流程

结构方程模型（structural equation modeling，SEM），通过观察潜在变量集合间协方差，试图分析潜在变量间的因果关系。其主要工作原理如图 5 - 2 所示。基于总体抽样的过程，获取样本数据，形成数据矩阵与抽样误差矩阵，并计算样本协方差矩阵。同时，基于概念假设模型，可形成拟合协方差矩阵。对比两者间差异，通过拟合指数，代表两协方差矩阵的拟合程度，以证明概念假设模型的科学合理性。

在结构方程模型分析过程中，综合已有学者的观点，基于大样本数据，选择关键的判断指标，如表 5 - 4 所示。作为模型的总体拟合度检验标准，为模型构建的科学合理性提供有效支撑。

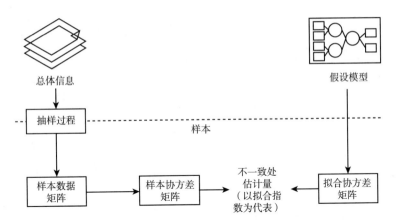

图 5 - 2 结构方程模型原理

表 5 - 4 指标临界值

模型适配度指标	简写	指标临界值
卡方自由度比例	CMIN/DF	比值不超过 5，意味着模型配适度佳
适配度指标	GFI	数值介于 0 ~ 1，超过 0.9 即为临界值。指标数值愈大，模型拟合度愈佳
调整适配度指标	AGFI	数值介于 0 ~ 1，指标数值愈大，模型拟合度愈佳。超过 0.9 即为临界值
规模适配度指标	NFI	数值介于 0 ~ 1，超过 0.9 即为临界值。数值越大，模型拟合度愈佳
增值适配度指标	TFI	数值介于 0 ~ 1，数值愈大，模型拟合度愈佳。超过 0.9 即为临界值
比较适配度指标	CFI	数值介于 0 ~ 1，数值愈大，模型拟合度愈佳。超过 0.9 即为临界值
渐进残差均方和平方根	RMSEA	该指标 95% 的置信区间处于 0.03 ~ 0.08

本书在结构方程方法运用中，采用二阶段流程分析法。该方法是由学者安德森和格宾（Anderon and Gerbing，1988）所提出的。第一阶段针对收集的样本数据开展信度分析和探索性因子分析工作，以检验各构面量表的信度、聚合效度和构建效度。此部分已在 4.3.1 节完成；第二阶段则应用结构方程模型开展假设检验，见图 5 - 3。

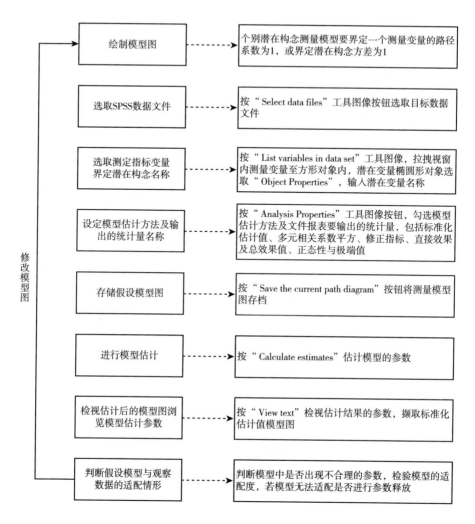

图 5 – 3 结构方程模型检验流程

5.2 组织因素对建设工程项目管理知识系统绩效的影响机理分析

5.2.1 研究假设

根据已有研究成果，发现组织结构、跨组织学习及组织间关系对知识系统绩效作用显著。组织结构是以工作任务为导向，设置工作角色，控制与整合资源、工作活动的一种组织安排模式（Liao et al.，2011）。即明晰组织各部门职责与分工，将有限资源分配到各部门，通过各部门间的协作，实现工作绩效的最大化（张光磊等，2012）。著名学者麦耶斯指出，组织设计是知识管理的支撑力量，在知识密集型经济中尤为重要，而高效的组织结构则是知识管理绩效提升的关键（郑兵，2013）。依据学者彭斯等（Burns et al.，2001）和学者劳伦斯等（Lawrence et al.，1967）的研究，组织结构表现形式主要有机械型和有机型。机械型组织结构具有中心化决策特点，以特定规范条例运行。组织成员参与决策，进行沟通的机会少，且成员知识、技巧及经验等交流受到影响；有机型组织结构具有决策分散化、组织灵活性、开放交流等特点，促进人际交流，有助于成员信息、知识的流动，提升组织学习效率。建设工程项目组织结构类型分为职能型、矩阵型和事业部型。随着组织变革理论的发展，汉密尔顿等（Hamilton et al.，2011）认为企业会打破原有层级结构，向扁平化、网络化结构发展，促进信息、知识、物质能量的横向流动，提升组织知识绩效。

组织学习常被看作组织的一种能力，促使组织能在已有的基础上持续获取或处理新信息，提高知识积累量，改进组织决策，提升组织绩效（Saban et al.，2000）。跨组织学习又称组织间学习，是不同组织间双边或多边学习的过程，具有较强的目标导向（潘旭明，2007）。戴尔等（Dyer et al.，2000）把跨组织学习看作是特定网络中的知识发展与获取过程，强调通过网络层面的知识寻求机制，发现与创造网络组织知识。即通过网络组织成员间频繁的互动，组织可从成员间互动中，促进知识流动，实现知识学习（Appleyard，1996）。且跨组织学习过程中知识生成的结果是基于不同组织来源知识的整合，所形成的特定组织知识库（Greve，2005）。企业组织则可通过跨组织学习，搜寻、整合及吸收外部知识，促进企业知识累积与更新（Senker，2015）。从社会交换理论视角看，组织间学习是联盟企业间资源交换的主要行为。这类行为的发生与发展，促使联盟企业间更加相互信赖，关系更为紧密（Shan et al.，2018）。苏布拉曼尼亚等（Subramaniam et al.，2015）强调跨组织学习有助于提升合作企业或组织间的信任程度，促使组织间能建立稳定、长期的合作关系，实现组织间异质性知识的交流与共享，推动知识创新绩效提升。

组织间关系包含合作伙伴关系、商业契约关系及行政隶属关系等。合作伙伴关系是基于共同企业目标，寻求合作利益，且互信依赖的战略关系，强调相互承诺、信息与知识共享，实现组织战略绩效（Mohr et al.，1994）。王玉涵等（2011）认为建筑供应链合作伙伴关系的建立，利于组织间信息共享，降低知识获取成本，减少外界知识快速更新所带来的市场风险。组织间商业契约关系实质上是正式的显性契约关系，通过书面合同或协议，维护组织间各方利益，提供组织各方进行正式交流的平台与机会，提高组织间知识共享的程度，降低潜在风险和因不确定性导致的结果（夏超尘，2014）。组织间的行政隶属关系是中国情境下建设工程项目组织间存在的独特关系，包括下属公司与上级公司的行政隶属关系和下属公司应隶属同一上级公司而形成的特定亲缘关系。尤其是在中国高铁建设项目的参建单位中，存在与其旗下子公司共同参与项目的隶属关系（周川云等，2017）。京沪高铁阳澄湖桥段爆破项目，所参与技术攻关的单位包括中铁四局、中铁二院、中铁大桥局等，均属于中铁股份有限公司（刘亚静等，2015），中铁四局、中铁大桥局及中铁二院间存在亲缘关系。隶属关系利于增强企业合作深度，整合信息、知识等资源，加大专用性资产投入，提升项目知识绩效。

综合上述分析，从组织结构、跨组织学习及组织间关系等组织因素的不同维度，构建组织因素对建设工程项目管理知识系统绩效作用机理的概念模型，如图5-4所示。我们提出研究假设如下：

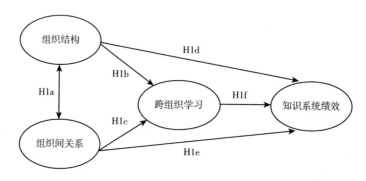

图5-4 组织因素对知识系统绩效影响机理的概念模型

H1a：在建设工程项目管理知识涌现的情境下，组织结构与组织间关系存在相互作用关系。具体来说，有机组织结构为促进组织间关系形成提供了较多的机会，同时组织间关系存在也进一步加大了组织结构的灵活性与扁平性，更利于信息、知识的沟通与传递。

H1b：在建设工程项目管理知识涌现的情境下，组织结构扁平化程度越高，跨组织学习效果越佳。具体来说，有机型组织结构具有层级简化、权力下放、横纵向沟通顺畅的特点，能有效确保信息、知识及时流动，为跨组织学习提供良好机会。

H1c：在建设工程项目管理知识涌现的情境下，组织间关系越密切，跨组织学习效果越佳。具体来说，组织间存在的关系越多，代表组织间的互动越频繁，跨组织学习机会越多。能够进一步加强组织间互信，促进组织异质性知识分享与流动，有助于跨组织学习效果的提升。

H1d：在建设工程项目管理知识涌现的情境下，组织结构扁平化程度越高，建设工程项目管理知识系统绩效越高。具体来说，建设工程项目组织扁平化程度高属于有机型组织结构，形成项目网络组织结构，组织灵活性与开放性极高，有利于组织成员间的知识交流与创新，提升知识系统绩效。

H1e：在建设工程项目管理知识涌现的情境下，组织间关系越密切，建设工程项目管理知识系统绩效越高。具体来说，组织间关系有合作伙伴关系、商业契约关系及行政隶属关系。组织间关系越密切，代表存在多重关系的重叠，让组织间形成更加稳定的关系。从而在知识系统形成过程中，更愿意投入，通过加强异质性知识交流，以达到实现知识系统绩效提高的目标。

H1f：在建设工程项目管理知识涌现的情境下，跨组织学习效果越好，建设工程项目管理知识系统绩效越高。具体来说，组织通过与外部组织的互动交流，不断吸收、整合及有效运用组织内外的知识和技能，以解决建设工程项目管理中的现实问题，实现知识创造增值，推动知识系统绩效提升。

5.2.2　模型计算结果

基于探索性因子分析结果不难发现，潜在变量组织结构的测量题项由 VAR01 ~ VAR08 等 8 个题项组成；跨组织学习由 VAR09 ~ VAR14 等 6 个测量题项组成；组织间关系的测量题项由 VAR15 ~ VAR20 等 6 个题项组成；知识系统绩效由 VAR50 ~ VAR55 等 6 个题项组成。依据组织因素对建设工程项目管理知识系统绩效作用机理的概念模型，借助 Amos 软件，构建对应的结构方程模型。并将样本数据导入，运行模型，结果见图 5 - 5。同时，梳理模型中各个潜在变量的标准化路径系数，如表 5 - 5 所示。

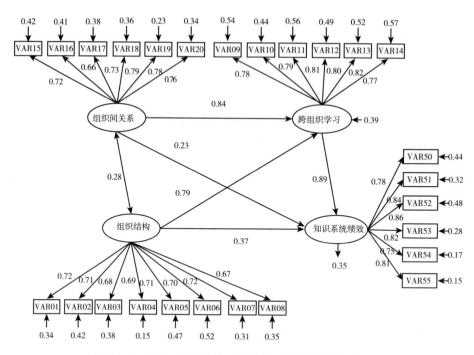

图5-5　组织因素对知识系统绩效影响模型的检验结果

表5-5　　　　　　　　　　　　组织因素潜变量标准化路径系数

路径关系			Estimate	假设检验结论
组织间关系	<- - - - ->	组织结构	0.28	拒绝原假设 H1a
跨组织学习	<- - - - -	组织结构	0.79**	接受原假设 H1b
知识系统绩效	<- - - - -	组织结构	0.37	拒绝原假设 H1d
跨组织学习	<- - - - -	组织间关系	0.84**	接受原假设 H1c
知识系统绩效	<- - - - -	组织间关系	0.23	拒绝原假设 H1e
知识系统绩效	<- - - - -	跨组织学习	0.89***	接受原假设 H1f

注：*表示 P<0.05；**表示 P<0.01；***表示 P<0.001。

从本质上看，结构方程模型是一种验证式模型分析，用于验证样本数据与假设模型的拟合程度。基于模型适配度指标分析结果显示：CMIN/DF 为 3.978；GFI 为 0.932；AGFI 为 0.897；NFI 为 0.941；TFI 为 0.915；CFI 为 0.921；RMSEA 为 0.078，从而可知模型收敛，且与样本数据适配度较好。

5.2.3　结果分析与讨论

模型计算结果显示：组织结构与组织间关系的路径系数为 0.28，且不显著，原假设 H1a 被拒绝；组织结构与跨组织学习作用路径系数为 0.79，具有显著性，原假设 H1b 被接受；组织间关系对跨组织学习作用路径系数为 0.84，具有显著性，原假设 H1c 被接受；组织结构对建设工程项目管理知识系统绩效的作用路径系数值是 0.37，且不显著，原假设 H1d 被拒绝；组织间关系与知识系统绩效作用路径为 0.23，且不显著，原假设 H1e 被拒绝；跨组织学习与知识系统绩效作用路径系数值是 0.89，具有显著性，原假设 H1f 被接受。

（1）有机型组织结构利于增强跨组织学习的自主性，组织间关系是跨组织学习的前提。有机型组织结构中，项目组织间知识的交流、传播较为灵活，这得益于该结构具有分散决策、层级少的特点（曾玉成，2013）。也就是说有机型组织内部的部门差异化不显著，组织规范准则对员工沟通合作的约束较弱，更有利于个体间有效的、非正式的沟通，进而促进知识的传播。组织间关系的存在为跨组织学习提供了契机。建设项目管理过程中，常见组织间关系有合作伙伴关系、商业契约关系及行政隶属关系等 3 类。3 类关系均有利于促进组织异质性知识的分享与流动，深刻影响跨组织学习的效果。

（2）跨组织学习对建设工程项目管理知识系统具有直接作用。在建设工程项目管理组织网络中，跨组织学习是通过网络组织成员间频繁的互动实现的。组织可从成员间互动中，促进知识流动，实现知识学习。因此，在建设工程项目管理组织网络中，各节点组织通过与外部组织的互动交流，不断学习、整合、协调、有效运用组织内外的知识和技能，以解决建设工程项目管理中的现实问题，实现知识创造增值，推动知识系统绩效提升。

5.3　管理因素对建设工程项目管理知识系统绩效的影响机理分析

5.3.1　研究假设

根据已有研究成果，发现知识共享、知识创新、知识管理技术资源投入对知识系统绩效作用显著。知识共享是知识重组与创造的重要环节。基于社会交换理论，知识共享是社会组织或个体的资源交换行为（Kim et al.，2002）。利用组织或个体间的知识交流，以解决现实新问题为导向，促进知识创造，优化决策过程，提升知识系统绩效（Wang et al.，2015）。建设工程项目管理知识系统涌现是建设工程项目管理组织间知识交流与知识库的更新过程，离不开组织间的知识共享。凯斯勒等（Kessler et al.，1996）指出显性知识共享利于产品研发成本的降低，提升创新绩效；隐性知识共享能促进组织成员间的内在专业知识与经验教训等隐性知识的传播与分享，有利于研发活动的协调，节约研发成本，促进产品绩效提升。商燕劼等（2021）认为知识共享是组织提供的学习机会，影响组织知识存量的变化。尤其是在知识共享过程中，组织能获取知识共享者的已有知识，更可能创造新知识，从而促进技术创新绩效的提升。冯长利等（2015）以20家国有企业供应链为样本，指出供应链企业通过知识共享，突破知识、资源等创新要素制约，提高了企业创新速度与质量，有助于提升企业组织绩效。

关于知识创造，学界普遍接受两种观点：第一种观点认为，知识创造过程是隐性、显性知识之间不断动态转化并呈现螺旋上升状态的；第二种观点强调，知识创造是通过社会组织或个体间频繁互动，实现知识交流共享与重新组合的过程（Kurul，2013）。由于知识主体不同，知识呈现异质化特点。其中，隐性知识异质化尤为显著（钱绍青等，2013）。实践中，组织知识创造往往是组织间通过一定渠道开展知识学习与交流活动，获取异质性知识，并与内部知识碰撞中不断融合转化，拓展组织本身的知识广度与深度，实现组织新知识的创造过程（生帆等，2017）。吴翠花等（2015）指出，组织知识创造受到组织及个体已有知识基础、所处社会环境、创造愿望及能动性等影响。通过知识创造，重构企业知识架构与体系，满足企业发展需求，增加企业新竞争优势，节约企业研发成本；且通过自主知识整合，形成新知识链，为企业研发高端技术产品提供知识系统保障，实现知识系统绩效提升（李柏洲，2016）。

知识管理技术资源投入主要指信息技术基础设施建设，是建设工程项目管理知识储存、共享及传递的基础，为建设工程项目管理知识系统提供技术支撑。一方面，与项目管理相关的信息、知识，通过知识库、案例库等形式储存于各参建单位的项目管理信息系统中；另一方面，先进的项目管理信息系统有助于提升项目管理单位对信息和知识的获取、快速联动及决策等能力。同时，学界也开始重视IT（信息技术）基础设施对知识创造及其绩效的影响。基于案例研究手段，挖掘因特网、企业信息管理系统等信息技术采用，为供应链伙伴间知识创造提供"知识场",易于知识共享与转化,进一步创造新知识(Chuni,2008)。塞缪尔等(Samuel et al.,2011)认为以组织合作平台、共同内部网络、EDI 等代表性的信息软件工具开发,有利于促进供应链网络信息流的自动化与标准化,为新知识创造提供信息技术支持,提升供应链网络知识绩效。

综合上述分析,从知识共享、知识创新、知识管理技术资源投入等管理因素的不同维度,构建管理因素对建设工程项目管理知识系统绩效作用机理的概念模型,如图 5-6 所示。并提出研究假设如下:

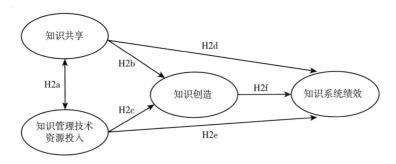

图 5-6 管理因素对知识系统绩效影响机理的概念模型

H2a:在建设工程项目管理知识涌现的情境下,知识共享与知识管理技术资源投入存在相互作用关系。具体来说,知识共享效果,促使组织绩效提升,正向影响知识管理技术资源投入。同时,加大知识管理技术资源投入,为知识共享提供便利,提升知识共享效果。

H2b:在建设工程项目管理知识涌现的情境下,知识共享效果越好,则知识创造效果越佳。具体来说,知识共享是知识创造的前提。知识共享为建设工程项目管理知识提供丰富的知识库,促进建设工程项目管理知识创造。

H2c:在建设工程项目管理知识涌现的情境下,加大知识管理技术资源投入,有助于建设工程项目管理知识创造。具体来说,项目已有的知识通过知识管理技术更容易分类与存储,且项目组织借助知识管理技术提升了对信息和知识的获取、快速联动及决策等能力,更容易创造新知识。

H2d:在建设工程项目管理知识涌现的情境下,知识共享程度高,则知识系统绩效越高。具体来说,知识共享正向影响建设工程项目管理知识的系统绩效。知识共享能满足建设工程项目管理知识需求,提升知识系统绩效。

H2e:在建设工程项目管理知识涌现的情境下,加大知识管理技术资源投入，则建设工程项目管理知识系统绩效越高。具体来说，知识管理技术资源加大投入，引入先进的知识管理技术与理念，让项目参建主体知识管理更加便捷，促进了建设工程项目管理知识系统绩效提升。

H2f：在建设工程项目管理知识涌现的情境下，知识创造效果越好，建设工程项目管理知识系统绩效越高。具体来说，知识创造效果好，丰富了项目参建个体知识与经验，提升了企业创新能力，有助于项目管理目标实现，从而推动知识系统绩效提升。

5.3.2 模型计算结果

基于探索性因子分析结果不难发现，潜在变量知识共享的测量题项由 VAR21～VAR27 等 7 个题项组成；知识创造由 VAR28～VAR35 等 8 个测量题项组成；知识管理技术资源投入的测量题项由 VAR36～VAR39 等 4 个题项组成；知识系统绩效由 VAR50～VAR55 等 6 个题项组成。依据管理因素对建设工程项目管理知识系统绩效作用机理的概念模型，借助 Amos 软件，构建对应的结构方程模型。我们基于样本数据，进行模型演算，得出具体结果见图 5–7。梳理模型中各个潜在变量的标准化路径系数，见表 5–6。

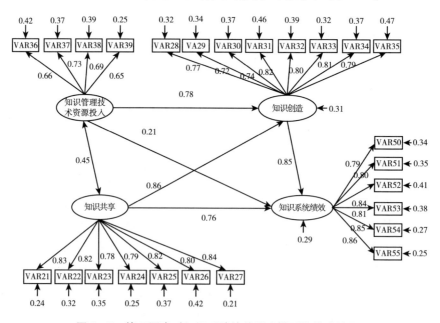

图 5–7　管理因素对知识系统绩效影响模型的检验结果

表 5-6　　　　　　　　　**组织因素潜变量标准化路径系数**

路径关系			Estimate	假设检验结论
知识管理技术资源投入	<---->	知识共享	0.45	拒绝原假设 H2a
知识创造	<----	知识共享	0.86 **	接受原假设 H2b
知识系统绩效	<----	知识共享	0.76 **	接受原假设 H2d
知识创造	<----	知识管理技术资源投入	0.78 **	接受原假设 H2c
知识系统绩效	<----	知识管理技术资源投入	0.21	拒绝原假设 H2e
知识系统绩效	<----	知识创造	0.85 ***	接受原假设 H2f

注：* 表示 P<0.05；** 表示 P<0.01；*** 表示 P<0.001。

基于模型适配度指标分析结果显示：CMIN/DF 为 4.176；GFI 为 0.926；AGFI 为 0.889；NFI 为 0.932；TFI 为 0.917；CFI 为 0.928；RMSEA 为 0.056，从而可知模型收敛，且与样本数据适配度较好。

5.3.3　结果分析与讨论

如图 5-7 和表 5-6 所示，模型计算结果表明：知识共享与知识管理技术资源投入的路径系数为 0.45，且不显著，拒绝原假设 H2a；知识共享与知识创造作用路径系数为 0.86，具有显著性，接受原假设 H2b；知识管理技术资源投入与知识创造作用路径系数为 0.78，具有显著性，接受原假设 H2c；知识共享与知识系统绩效作用路径为 0.76，具有显著性，接受原假设 H2d；知识管理技术资源投入与知识系统绩效作用路径为 0.21，且不显著，拒绝原假设 H2e；知识创造与知识系统绩效作用路径为 0.85，具有显著性，接受原假设 H2f。

（1）知识共享是建设工程项目管理知识系统的重要环节，知识创造是建设工程项目管理知识系统绩效提升的关键。面对复杂工程项目管理过程，需要各参建单位的知识协同，仅凭单个组织无法掌握全部项目管理知识，需要外部知识资源支撑。通过知识共享，项目参建单位讨论建设工程项目技术标准，交流技术难题与攻关诀窍，共享专业经验，增加建设工程项目管理知识系统的知识存量。在知识共享过程中，业主不仅能够获取其他参建单位的现有知识，还可能创造出新知识。通过参建单位组织间的密切合作，业主贡献原有知识储备，同时收集其他参建单位知识。这个过程有利于业主完成新知识创造的复杂活动（冯长利等，2016）。知识资源不会因重复使用而出现边际报酬递减的情况。伴随着知识交互过程，业主与承包方间不断进行知识积累，促进自有知识与外部知识融合。新知识有助于参建单位找到问题解决方案，从而进一步提升建设工程项目管理知识系统绩效。

（2）知识管理技术资源投入是建设工程项目管理知识创造的物质保证，间接影响建设工程项目管理知识系统绩效提升。知识管理技术资源投入主要是指 IT 基础设施建设，具体包括知识管理系统开发和知识存储设备投入，从而有利于建设工程项目管理知识存储与流动。如各参建单位联合建立建设工程项目管理知识库，并通过建设工程项目知识管理系统实现知识交流、共享、转化与整合等，打破组织间知识交流共享的时间与时空局限性，提升知识传播的流畅度与速度。进而使知识运用与创造更高效高质，为处理建设工程项目管理过程中的问题提供解决方案，实现知识增值与绩效提升。总之，科学合理的管理技术方法是实现知识交流、共享与创造的重要物质保证，间接影响建设工程项目管理知识系统绩效提升。

5.4　环境因素对建设工程项目管理知识系统绩效的影响机理分析

5.4.1　研究假设

根据已有研究成果，发现宏观环境、工程需求对知识系统绩效作用显著。其中，宏观环境包括技术市场竞争环境与知识产权法律环境。技术市场竞争环境代表建设工程项目参建单位所面临的外来冲击与影响。如随着 BIM 技术、智能建造、智慧工地现场管理等技术进步，触发建设工程项目管理参建单位的知识更新。建设工程项目管理组织会对外界变化进行决策与行动，促进与各合作单位共同创造新知识，从而形成建设工程项目管理知识系统。此外，基于"一带一路"倡议，建设工程项目参建单位地理分布范围越来越大。这导致建设工程项目管理知识创造过程中知识产权冲突与风险问题凸显，使得对完备的知识产权法律环境的需求增加。跨国企业在技术跨国移植时，对发展中国家的知识产权保护法律环境缺乏的情况有较多顾虑，因而更偏向于选择非核心技术转移（Cannicea，2003）。为此，为了能有效地拦阻"新技术搭便车"或"新知识被盗用"等行为的出现，尽可能削弱组织间合作时存在的知识产权的冲突与风险，促进知识交流、共享等活动的安全、顺利进行，建立健全知识产权法律环境是非常有必要的。

　　工程需求是建设工程项目管理知识创造的起点。张镇森（2014）指出建设工程复杂以及自然环境与资源限制，促使工程需求的形成，并强调工程需求是建设工程创新绩效的关键影响因素。从广义上分析，工程需求以工程复杂环境、工程项目管理与技术难题、建设工程项目目标、业主需求等不同形式呈现。从单一项目来看，实现工程预期目标是建设工程项目管理的终极目标，攻克工程难题是建设工程项目管理知识创造、创新的直接动力。杨佩昌（2017）在德国制造持续发展研究中，剖析了德国制造业能做到持续行业领先的原因主要是重视以市场需求为导向的创新活动。刘顺忠（2005）基于知识密集型服务业，以该行业的研发人员为对象开展研究，揭示客户需求增加了工作挑战性，进而激发了个体知识创造与产品创新。

　　综合上述分析，从宏观环境、工程需求等管理因素的不同维度，构建环境因素对建设工程项目管理知识系统绩效作用机理的概念模型，如图 5－8 所示，并提出研究假设如下：

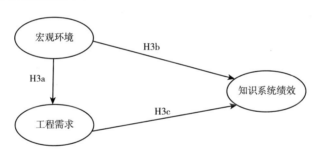

图 5－8　环境因素对知识系统绩效影响机理的概念模型

　　H3a：在建设工程项目管理知识涌现的情境下，严苛的宏观环境会产生更多的建设工程需求。具体来说，法律法规对建设工程项目约束越多，先进的技术对建设工程提出的要求也越多，则建设工程需求越高。

　　H3b：在建设工程项目管理知识涌现的情境下，严苛的宏观环境会产生更多的建设工程项目管理知识系统绩效。具体来说，健全知识保护法律法规对建设工程项目知识创造保护越明显，先进的技术对建设工程知识创造要求越多，则建设工程项目管理知识系统绩效也越高。

　　H3c：在建设工程项目管理知识涌现的情境下，建设工程需求越多则建设工程项目管理知识系统绩效越高。具体来说，建设工程的规模和范围越大，建设工程设定的目标越高，建设工程所涉及的技术越高级、复杂程度越高、多样性越强，则建设工程项目管理知识系统绩效也倾向于越高。

5.4.2 模型计算结果

基于探索性因子分析结果不难发现，潜在变量宏观环境的测量题项由 VAR40～VAR44 等 5 个题项组成；工程需求由 VAR45～VAR49 等 5 个测量题项组成；知识系统绩效由 VAR50～VAR55 等 6 个题项组成。依据组织因素对建设工程项目管理知识系统绩效作用机理的概念模型，借助 Amos 软件，构建对应的结构方程模型。并基于样本数据，进行模型演算，得出具体结果见图 5-9。梳理模型中各个潜在变量的标准化路径系数，见表 5-7。

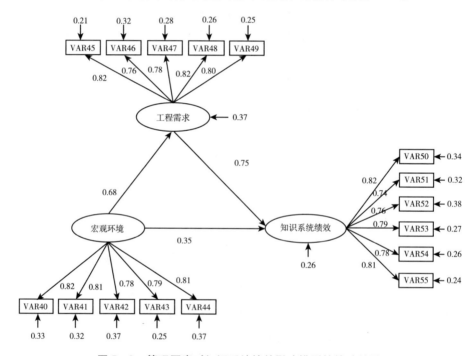

图 5-9 管理因素对知识系统绩效影响模型的检验结果

表 5-7   组织因素潜变量标准化路径系数

路径关系			Estimate	假设检验结论
工程需求	<-----	宏观环境	0.68 **	接受原假设 H3a
知识系统绩效	<-----	宏观环境	0.35	拒绝原假设 H3b
知识系统绩效	<-----	工程需求	0.75 **	接受原假设 H3c

注：* 表示 P < 0.05；** 表示 P < 0.01；*** 表示 P < 0.001。

基于模型适配度指标分析结果显示：CMIN/DF 为 47. 367；GFI 为 0. 978；AGFI 为 0. 865；NFI 为 0. 936；TFI 为 0. 923；CFI 为 0. 934；RMSEA 为 0. 067，从而可知模型收敛，且与样本数据适配度较好。

5.4.3　结果分析与讨论

如图 5 - 9 和表 5 - 7 所示，模型测算结果：宏观环境对工程需求的影响路径系数值为 0. 68，具有显著性，原假设 H3a 被接受；宏观环境与知识系统绩效的影响路径系数值是 0. 35，且不显著，原假设 H3b 被拒绝；工程需求与知识系统绩效影响路径系数值是 0. 75，具有显著性，原假设 H1c 被接受。

（1）工程需求对结果变量知识系统绩效的直接作用。建设工程项目管理知识系统的关键在于知识创造。而项目管理知识创造是以项目为载体，以工程需求为导向。工程需求激发工程技术与管理知识创造，促进建设工程项目管理知识更新，为建设工程项目管理知识系统涌现提供动力牵引。工程需求包括建设工程项目管理预期目标和工程面临的地质环境复杂、技术难题等。建设工程项目管理过程中的技术攻关、工程创新目标等实现的知识增值，促进了建设工程项目管理知识系统绩效的提升。

（2）宏观环境依据中介变量工程需求间接影响建设工程项目管理知识系统绩效。在建设工程项目管理知识系统涌现过程中难以避免与外部宏观环境相互作用，技术市场竞争环境、知识产权法律环境等外部宏观环境会对系统形成产生不同程度的促进或抑制影响。人工智能、物联网、AI/VR/AR 等新兴技术引发建筑市场技术革新，刺激建设工程需求。为满足工程需求开展工程技术攻关过程中，健全的知识产权法律环境有助于各组织更加放心分享核心技术，异质性知识流动更加顺畅。结合本企业已有知识存量，进行技术创新，形成具有自主知识产权的技术产品，提升建设工程项目管理知识系统创新绩效。

5.5　本章小结

本章首先构建建设工程项目管理知识系统涌现的影响机理模型，针对建设工程项目管理知识系统绩效进行数据分析。借助于结构方程模型，分别从组织、管理及环境等维度探索建设工程项目管理知识系统涌现的影响因素对知识系统绩效的影响机理。通过组织因素对知识系统绩效的影响机理研究，可知有机型组织结构可以为跨组织学习提供很强的自主性，组织间关系是跨组织学习的前提；跨组织学习对建设工程项目管理知识系统具有直接作用。通过管理因素对知识系统绩效的影响机理研究，可知知识共享是建设工程项目管理知识系统的重要环节，知识创造是建设工程项目管理知识系统绩效提升的关键；知识管理技术资源投入是建设工程项目管理知识创造的物质保证，间接影响建设工程项目管理知识系统绩效提升。通过环境因素对知识系统绩效的影响机理研究，可知工程需求对结果变量知识系统绩效的直接作用；宏观环境依据中介变量工程需求间接影响建设工程项目管理知识系统绩效。

第6章 建设工程项目管理知识系统涌现的动力学模型及仿真分析

建设工程项目管理知识系统涌现将推动系统结构与功能的改变，促进系统层次转化，最终可体现为系统迈入健康运行或混沌状态两种结果。为深入分析建设工程项目管理知识系统涌现出的健康运行状态，动态刻画建设工程项目管理知识系统涌现状态，借助系统动力学方法，明晰动力学仿真目标及步骤，划定仿真系统边界。并提出基本假设，明确系统涌现过程中的因果关系，绘制因果回路图。再结合变量类型，绘制存量流量图。最后，基于 Vensim 软件平台，模拟仿真建设工程项目管理知识系统涌现过程中动力因素间的动态作用规律。

6.1 建设工程项目管理知识系统涌现的动力学仿真目标及步骤

6.1.1 建设工程项目管理知识系统涌现动力学仿真目标

学术界把系统动力学仿真建模视为"战略与政策模拟实验室"。通过系统研究现实复杂问题中各要素间的因果逻辑，结合信息反馈控制理论的基本原理，构建复杂适应性系统仿真模型。并在计算机仿真平台上实施不同的策略方案，揭示系统行为的不同变化，以探寻复杂问题的关键路径。为此，借助系统动力学工具，建立建设工程项目管理知识系统涌现的动力学模型。通过对该系统涌现过程及效果的仿真，实现三大目标：模拟建设工程项目管理知识系统涌现状态；识别作用于该知识溢出效益的关键动力因素；分析该系统变化趋势。其具体阐述如下：

（1）模拟建设工程项目管理知识系统涌现状态。物理学中指出静止是相对的，运动是绝对的。为此，复杂适应性系统既具有动态性又具备稳定性特征，主要表现在系统的自组织性方面。如当外界环境对系统产生干扰时，能在一定程度上打破系统当前的稳定性。但在自组织作用下，系统内部自主运行能使系统重回稳定状态。这种状态变化规律同样存在于建设工程项目管理知识系统中。通过改变系统输入，如知识管理投入增加，则知识溢出效益势必增强。基于系统动力学理论，构建系统模型。利用存流量图中的因素所涉及的结构方程式，搭建将系统中各要素关联起来的桥梁，并保障系统结构的稳定性，以此模拟建设工程项目管理知识系统涌现状态。

（2）识别建设工程项目管理知识系统涌现中的关键变量。通过仿真识别出对建设工程项目管理知识系统中关键作用的变量与参数。通过改变关键变量参数实现对建设工程项目管理知识系统涌现的调控，并依据反馈结果分析变量与建设工程项目管理知识系统涌现状态的关联关系及其变化特征，以此作为科学决策以及优化建设工程项目管理知识系统涌现效果的依据。

（3）分析建设工程项目管理知识系统变化趋势。通过系统动力学建模，模拟建设工程项目管理知识溢出效益随时间变化而变化的发展情形，进而分析系统变化趋势，便于决策者优化及改进系统。

6.1.2 仿真的主要步骤

系统动力学仿真分析流程涉及研究问题描述、系统边界界定、基本假设提出、因果关系分析、仿真模型建立、模型检验与仿真运行、仿真结果分析与启示等主要步骤。如图 6-1 所示。

（1）研究问题系统动力学描述。该步骤包括两个环节。一是针对已确定的研究问题对象，依据系统动力学理论原理和方法，分析其系统组成关键要素；二是明晰系统目标。通过采取何种策略，明晰系统关键变量及运行规律。此部分内容已经在第3章重点分析。

（2）边界划定与假设提出。该步骤包括两个主要环节。一是系统边界确定。基于系统内部结构剖析，划分系统层次与模块。再结合研究问题描述，解构系统内部存在的关键要素与外部环境中产生影响作用的主要条件，进而使系统边界变得清晰明确。二是提出系统模型构建的基本假设。基于系统边界的明晰，分析系统内、外生变量。根据实际情境，提出基本假设。

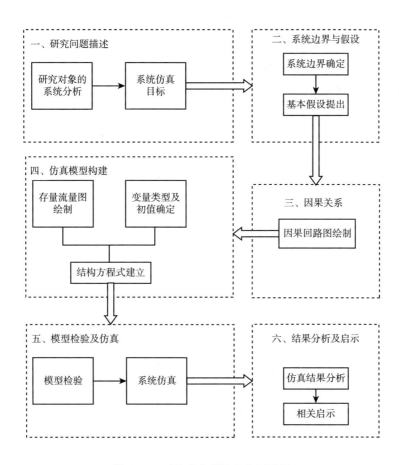

图 6 – 1　系统动力学仿真分析流程

（3）因果关系分析。基于原始假设、内外生变量及其他数据，利用系统动力学经典软件 Vensim，描绘因果关系回路，分析系统因果关系组成及反馈回路。

（4）仿真模型构建。该步骤包括三个主要环节。一是确定变量类型及初值。通过分析系统各变量间关系及流动状态，识别变量属性，明确状态变量、速率变量、辅助变量及常量，并设定各类变量的初始值。二是绘制存量流量图。基于已完成的因果回路图，结合变量类型，绘制存量流量图。三是建立结构方程式。通过初始化条件，分析各变量间的逻辑联系，建立结构方程式。

（5）模型检验与仿真运行。在正式进行系统仿真前，须对模型进行调试，以测试模型是否可如常运行，同时基于极端条件检验模型的行为结果是否仍与现实情况相符。而后进行正式系统仿真，分析不同条件下系统的涌现状态与趋势。

（6）仿真结果分析与讨论。基于不同条件，运行仿真系统，测试模型内部不同参数、初始条件等灵敏程度，以实现对影响系统涌现的关键动力因素的辨识。针对仿真结果进行分析，开展建设工程项目管理知识系统涌现状态及变化趋势的讨论。

6.2　仿真系统边界与基本假设

6.2.1　仿真系统边界

（1）系统边界内涵。系统边界是指系统自身与外部环境的分界点。系统边界的设定主要是为了通过明晰系统的内部条件与外部环境分别是什么的基础上，厘清系统的界限。系统边界的确定尤其重要。因为如果对系统边界的界定太大，会加大系统研究的工作量与工作难度；但是若系统边界的界定太小，又将模糊系统内部条件与外部环境的区别与联系，很难较好地实现最终研究目标。此外，系统边界的划分清晰、准确与否会影响系统的结构和功能正确呈现，是系统建模工作顺畅推进的首要前提。应认真对待，不容忽视。

（2）系统边界确定原则。始终以仿真目的为基础，系统全面地思考系统边界范围。再结合专家深度访谈、实证研究等方法，通过一系列的定性分析、充分论证等工作确定边界范围。同时，不断修正系统边界，进一步剔除那些对系统目的影响较小的要素。

（3）系统边界的确定。基于系统边界确定原则，明确建设工程项目管理知识系统边界，确保该系统研究的针对性更强、操作性更优、结论更有一般普遍性。具体界定如下：

第一，本书中建设工程界定为重大建设工程项目。重大建设工程项目是对国民经济、社会稳定、科技发展、生态保护、民生改善等产生重大深远影响的大型基础设施工程（盛昭瀚等，2019）。如大型水利工程与桥梁工程、大型城市轨道交通工程、高速铁路工程等，具有以政府为主导、建设规模巨大、系统结构复杂、涉及跨区域协作、公共影响波及范围广等明显特征。

第二，仿真模型侧重于建设工程项目前期及实施阶段，不涉及项目运营期。本仿真系统选取建设工程项目前期与实施阶段进行建模仿真。这一阶段主要包含从建设工程项目立项决策到竣工验收等全部过程。一是出于降低系统模拟难度、控制初识变量更容易的考量；二是系统简化后，可使系统内部各要素间关系更加清晰明了，更易于剖析解构系统。

第三，各项目管理主体具备一定知识与技术储备。各建设工程项目管理相关主体已拥有的知识和技术储备能够直接被运用于项目的建设与管理中，甚至可在此基础上得以整合、转化以及创新，这就为知识更新与创造提供了一定基础的原始知识累积。从而有助于减少建设工程项目管理知识创新与创造的工作量及工作难度，促使更多建设工程项目管理知识的形成。

第四，建设工程项目管理知识系统涉及业主方与承包方两大类主体。明确建设工程项目管理知识系统的两大类主体，也就是明晰系统建模的重心。从 3.1.1 小节可知，建设工程项目管理主体有业主单位、设计单位、施工单位及咨询单位。除业主单位以外，其他主体均是业主通过承发包模式所选择的承包方。因此，特将设计单位、施工单位及造价、监理等咨询单位统称为承包方，能够在一定程度上简化系统结构，使结构更为清晰明了。

6.2.2　仿真基本假设

为确保模型仿真操作的可行性、合理性、科学性，依托建设工程项目建设与管理的普遍性实际情境，本书提出以下几点基本假设：

（1）知识主体对知识和技能的主动性学习是促进建设工程项目管理知识主体知识存量增长的主要动力。与此同时，暂不考量知识在流动过程中失效现象对知识存量的负向影响。

（2）一般建设工程项目的施工期约为 3~4 年。基于此，设定仿真模拟的总时长为 3.5 年，即 42 个月。

（3）时间步长（即仿真时间间隔）设定为 1 个月。

（4）设定本次仿真模拟的总时段为建设工程项目建设前期及实施过程，包括决策、设计及施工等活动环节。

（5）本次仿真模拟将对初始数据实施归一化处理。因此，模型中的数据主要是反映系统中各变量随时间不断变化而变动的相对值，而不是代表实际数值。

6.3 建设工程项目管理知识系统涌现的动力学模型构建

6.3.1 建设工程项目管理知识系统涌现因果回路图的绘制过程

（1）因果回路图的绘制方法。一般而言，我们把能够描述解析系统结构、阐明各变量间因果关系的有效工具称为因果回路图。因果回路图能够很明确地识别因果变量间的反馈回路，有助于对系统结构与运行有更为清晰的认知，但缺点是难以明确区分不同变量的性质。在 Vensim PLE 软件中，变量间的因果关系采用箭线因果链呈现，进而分析由因果链形成的各个反馈回路的正负极状态，并注明回路标识符，由此因果回路图绘制完成。其中，标识符为正则表示正反馈回路上的变量存在正向相关性；而负号则代表箭头后的变量与箭头前的变量变化方向相反，变量间存在反向相关性。

（2）因果回路图的作用。因果回路图的作用可以从以下几个方面阐述：其一，解释系统中变量间的耦合关系；其二，明晰系统中各回路及其性质；其三，辨明各回路随时间的变化趋势；其四，有助于后续绘制流量存量图，探究系统行为。

（3）因果回路图的绘制。基于建设工程项目管理知识系统涌现的关键动力因素分析，根据系统的基本结构和运行机制，绘制该系统因果回路图（如图6-2所示）。揭示系统中项目业主方和承包方的交互关系，并剖析这两类知识主体对系统中知识溢出效益的影响作用。

（4）反馈回路图的分析。

第一，反馈回路①：业主方项目管理知识存量——业主方知识增长率——业主方知识增长量——业主方项目管理知识存量。

第二，反馈回路②：承包方项目管理知识存量——承包方知识增长率——承包方知识增长量——承包方项目管理知识存量。

反馈回路①和②是两条正向反馈回路，分别展示业主方和承包方项目管理知识存量的变化情况。项目管理知识存量反映参建各方已具备的项目管理知识总量，主要涉及与项目管理相关的显性知识和存于项目管理组织及员工

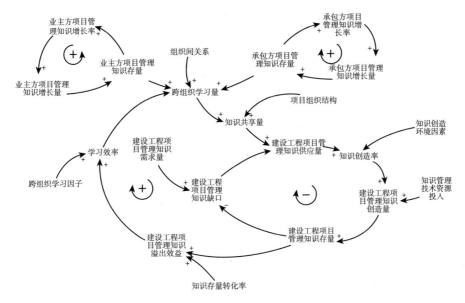

图 6-2 建设工程项目管理知识系统涌现因果回路

之中的隐性知识。建设工程项目管理参建单位扎根建设工程项目管理实践情境，主动适应性能力较强。即项目管理相关组织能够基于对新项目或新工程所处环境的感知，不断提升自身适应能力，促进自身专业知识、经验、技能及技术手段的增强。项目管理知识存量增加意味着项目管理组织的知识在不断增长，进而促进知识增长速度和知识增长量的上涨，最后又提升项目管理参建单位的知识存量。

第三，反馈回路③：跨组织学习量——知识共享量——建设工程项目管理知识供应量——知识创造率——建设工程项目管理知识创造量——建设工程项目管理知识存量——建设工程项目管理知识溢出效益——学习效率——跨组织学习量。

反馈回路③是正向反馈回路，展现建设工程项目管理参建单位在项目管理过程中知识学习、知识共享、知识创造等一系列活动引发的知识流动。最终实现建设工程项目管理知识存量的增加，并带来建设工程项目管理知识溢出效益提升。业主方和承包方是项目管理知识的供给方。通过跨组织学习，促使知识共享量增加，从而提升建设工程项目管理知识供应量。知识供应量越多，参建主体知识创造率越强，则知识创造量剧增，提升项目管理知识溢出效益。同时各参加主体的学习积极性提高，学习效率提升，促进跨组织学习量。

第四，反馈回路④：建设工程项目管理知识缺口——建设工程项目管理知识供应量——知识创造率——建设工程项目管理知识创造量——建设工程项目管理知识存量——建设工程项目管理知识缺口。

反馈回路④是负向反馈回路，展现建设工程项目管理知识缺口被逐渐弥补的过程。因建设工程项目管理知识需求量引发其知识缺口。为弥补知识缺口，加大建设工程项目管理知识供应量。知识供应量剧增，为知识创造提供丰富的知识基础，从而带来建设工程项目管理知识存量的增加，进一步弥补建设工程项目管理知识缺口。

6.3.2　建设工程项目管理知识系统涌现存量流量图的绘制过程

（1）存量流量图的阐释。存量流量图的绘制工作是基于因果回路图开展的，同时又是构建仿真模型的前提条件。基于因果回路图，存量流量图在识别不同变量性质方面起到较好作用，是采用一系列符号描绘系统各变量间的逻辑联系，揭示系统内在机理的一种图形表达方式。其特点是直观简明。首先，对系统中各变量进行其特性识别、参数估计、初始赋值；其次，开展结构方程式构建工作，以定量表达各变量间逻辑关系；最后，进行模型检验与调试，使模型能真实反映现实情境。

（2）存量流量图的绘制。基于上述因果回路图的绘制与分析，绘制建设工程项目管理知识系统存量流量图，如图6-3所示。以便于辨明因果回路图中未被完全识别的变量特性，进一步明晰建设工程项目管理知识系统内在机理。同时，通过量化不同变量间关系，达成仿真模拟建设工程项目管理知识系统涌现状态的目的。

（3）存量流量图中的变量类别。存量流量图中变量的属性是分析该图的关键。学术界根据变量的属性形态可分为：状态变量、速率变量、辅助变量及常量等4种类别。状态变量（L），又称水平变量，一般指系统内部依据时间变化而持续发生变化、能够不断累积的变量，是系统中极为关键的一类变量；速率变量（R），是指导致状态变量发生变化的输入、输出变量；辅助变量（A），是存在于系统演化过程、有辅助效用的中间变量。常用于模型的中间计算过程中；常量（C），是用来说明系统内部那些变化较小或相对不变的参数。

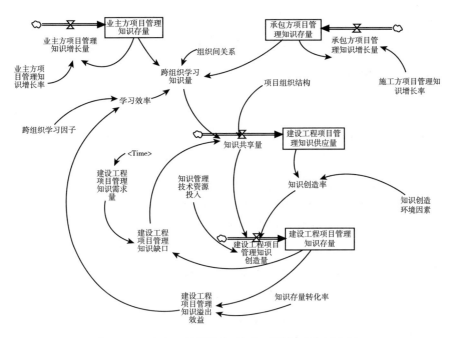

图6-3　建设工程项目管理知识系统涌现存量流量

经分析，建设工程项目管理知识系统存量流量图中涉及20个关键变量。其中，4个状态变量包含业主方项目管理知识存量、承包方项目管理知识存量、知识供应量及建设工程项目管理知识存量等。也对应4个速率变量，还有6个辅助变量以及6个常量。详细变量名称及类型展示如表6-1所示。

表6-1　建设工程项目管理知识系统涌现存量流量图中的变量名称及类型

序号	变量名	变量类型	序号	变量名	变量类型
1	业主方项目管理知识存量	L	11	知识创造率	A
2	承包方项目管理知识存量	L	12	建设工程项目管理知识溢出效益	A
3	建设工程项目管理知识供应量	L	13	学习效率	A
4	建设工程项目管理知识存量	L	14	建设工程项目管理知识需求量	A
5	业主方项目管理知识增长量	R	15	组织间关系	C
6	承包方项目管理知识增长量	R	16	知识管理技术资源投入	C
7	知识共享量	R	17	项目组织结构	C
8	知识创造量	R	18	跨组织学习因子	C
9	跨组织学习量	A	19	知识创造环境因素	C
10	知识缺口	A	20	知识存量转化率	C

6.3.3　建设工程项目管理知识系统涌现的动力学方程式构建及参数赋值

（1）结构方程式。

第一，结构方程式的建立方法。构建系统的动力学方程式，实际上就是将系统中的变量、变量间关系，以及系统结构转化为数学方程式表示的过程。即用规范的、定量的数学模型表述非规范性、概念性、定性观点的过程。这种表述的转化使得所研究的系统能够用计算机模拟呈现，并能够基于动力学原理，实现系统动态变化规律的深入研究。

在 Vensim 软件平台上，采用 DYNAMO 语言编写结构方程式。通过描述不同变量之间的函数关系，呈现系统内部结构与状态，并实现仿真系统现实功能与行为的目的。依据变量的不同特性与作用，结构方程表达式主要涉及以下几类：一是状态变量方程。表示在因果链中导致系统整体动力状态发生本质性改变，同时表达一种存储和积累的过程；二是速率变量方程。反映系统内外因素如何作用于系统状态行为；三是辅助变量方程。反映系统内部信息。

第二，建设工程项目管理知识系统涌现动力学方程建立。依据上述因果回路图中各因子的因果关系分析，以及存量流量图中对各类变量类型的确定，建立各变量动力学方程及其相关解释如下。

A. 业主方项目管理知识存量 = INTEG（业主方项目管理知识增长量）

B. 承包方项目管理知识存量 = INTEG（承包方项目管理知识增长量）

业主方、承包方等参建单位的项目管理知识存量体现在各参建单位在以往项目管理过程中的学习与经验积累，促使建设工程项目管理参建单位具有一定知识存量。

C. 业主方项目管理知识增长量 = 业主方项目管理知识增长率 × 业主方项目管理知识存量

D. 承包方项目管理知识增长量 = 承包方项目管理知识增长率 × 承包方项目管理知识存量

业主方、承包方等参建单位的项目管理知识增长量与各参建单位本身已有的知识存量正相关，且在特定知识增长率的基础上实现知识增长量。

E. 跨组织学习量 =（业主方项目管理知识存量 + 承包方项目管理知识存

量）×（学习效率×组织间关系）

F. 学习效率 = 跨组织学习因子（建设工程项目管理知识溢出效益）

在建设工程项目管理实践中，跨组织学习是根植于建设工程实际情境，以建设工程项目管理为导向，业主方、承包方等参加单位相互学习的过程。跨组织学习知识量主要以业主方、承包方等参建各方的项目管理知识存量为原始储备，同时受学习效率与组织间关系两大因素共同作用的影响。其中，系统整体绩效水平会直接影响学习效率的高低。如建设工程项目管理知识水平越高，则参建单位跨组织学习效率越高。

G. 建设工程项目管理知识需求量 = *IF THEN ELSE*（$1\,000 \times SIN$（$2 \times 3.141590 \times Time/12$）$<0$，$0$，$1\,000 \times SIN$（$2 \times 3.14159 \times Time/12$））

鉴于建设工程项目管理实践过程中涉及多个环节，且各环节均需要不同项目管理知识，因此选取三角正弦函数表达建设工程项目管理知识需求量。每周期时间设定为 6 个单位，且每两次的间隔时间也为 6 个单位。

H. 建设工程项目管理知识缺口 = *IF THEN ELSE*（建设工程项目知识需求量 − 建设工程项目管理知识存量 >0，建设工程项目知识需求量 − 建设工程项目管理知识存量，0）

在建设工程项目管理实践中，当知识需求量超过知识存量时，会出现建设工程项目管理知识缺口，且知识缺口量 = 建设工程项目知识需求量 − 建设工程项目管理知识存量。

I. 建设工程项目管理知识供应量 = *INTEG*（知识共享量）

J. 知识共享量 = *DELAY FIXED*（*IF THEN ELSE*（建设工程项目管理知识缺口 >0，跨组织学习知识量，0），*INTEGER*（1/项目组织结构^2 +0.5），0）

当出现建设工程项目管理知识缺口时，各参建单位通过知识共享，实现建设工程项目管理知识的传递与转移，提升建设工程项目管理知识供应量。而知识传递与转移效率，受到建设工程项目组织结构影响。为此设置时间延迟，并通过平方值来放大其对知识供应量的时间延迟效应。

K. 知识创造率 = 知识创造环境因子（知识供应量）

显而易见，新知识的创造离不开丰富的知识基础，即知识供应量。为此，建设工程项目管理新知识创造与其主体的知识供应量具有正相关性。即各参建主体的供给知识量越多，则项目管理新知识的创造率越高。

L. 建设工程项目管理知识创造量 = *IF THEN ELSE*（知识共享量 =0，0，知识共享量×知识管理技术资源投入×知识创造率）

建设工程项目参建主体，根据知识供应量，围绕知识缺口，进行知识创造，形成建设工程项目管理知识创造量。且知识共享量、知识管理技术资源投入及知识创造率共同影响知识创造量。

M. 建设工程项目管理知识存量 = $INTEG$（建设工程项目管理知识创造量）

建设工程项目管理知识存量是其建设工程项目管理知识创造量的累积量。

N. 建设工程项目管理知识溢出效益 = 建设工程项目管理知识存量 × 知识存量转化率

建设工程项目管理知识溢出效益被视为建设工程项目管理知识系统涌现过程输出效果，它受到建设工程项目管理知识存量及其存量转化因子共同作用。

（2）参数估计。

第一，参数估计方法。本模型参数估计采用了以下方法：梳理和剖析与研究相关的统计、调查资料；运用如统计计量等数学方法；从表达式中变量间逻辑关系中推理；专家评估法等。

第二，状态变量赋值。建设工程项目管理知识系统涌现的动力学模型中存在 4 个状态变量，包含业主方与承包方项目管理知识存量、知识供应量及整个项目管理知识存量等，均涉及初始值赋值问题。虽然，目前关于知识存量、知识供应量均属于软变量，无单位且难量化，但基于本书目的是探求建设工程项目管理参建主体间互动中所产生知识流动对知识系统涌现的影响，对知识存量度量的要求不高，其度量情况对研究结果影响较小。针对建设工程项目管理知识需求与现实情境，设定建设工程项目管理知识存量为 200；业主方和承包方项目管理知识存量为分别为 500 和 1 000；整个项目管理知识供应量的初始值设定为 0。

第三，常量赋值。模型中存在 6 个常量，分别是组织间关系、知识管理技术资源投入、项目组织结构、知识存量效应、跨组织学习因子、知识创造环境因子。其中，组织间关系、知识管理技术资源投入及项目组织结构 3 个常量的赋值，可基于对第 4 章的调查样本数据进行归一化均值处理来选取，具体结果分别取值为 0.74、0.68 及 0.7。知识存量转化率借鉴业内专家学者的评估结果，初始值设定为 0.635。跨组织学习因子 = [（0，0） -（1 000，10）]，（1，0），（100，0.1），（500，0.5），（1 000，0.9）；知识创造环境因子 = [（0，0） -（2 000，10）]，（1，0），（2 000，0.5）。

6.4 建设工程项目管理知识系统涌现的动力学模型 检验与仿真结果分析

6.4.1 动力学模型检验

对动力学模型进行检验以验证模型与研究问题及内容的匹配度，同时保障模型仿真能真切反馈现实情形。本书采取几种核心的模型检验方法对前文所建立的建设工程项目管理知识系统进行检验。测试结果如下：

（1）模型范畴满足性测试。这一测试主要用于审视与系统构建相关度高的概念是否已纳入模型。本模型以建设工程项目管理知识系统内两类重要的知识组织为关键主体。通过跨组织知识学习、知识共享、知识创造等一系列主体之间的互动交流活动，促使建设工程项目管理知识系统的形成。其中，相关的理论及数据支撑已在第3～第5章进行了充分的论述与分析。同时模型边界得以明确，系统内部知识运作模式已完成剖析，本模型的构建通过范畴满足性测试。

（2）模型结构测试。模型结构测试主要是为了审视模型的各个变量选择、整体结构能否吻合本书中对系统的理论认知。本模型由20个关键变量构成，分别为4个状态变量、4个速率变量、6个辅助变量、6个常量，包含建设工程项目管理知识主体知识子系统和参建单位知识供给子系统，涉及建设工程项目管理知识跨组织学习、共享、创造等系列主要活动。基于多个建设工程项目管理实地调研，验证了该模型的变量选取恰当、结构科学合理。

（3）量纲一致性检验。对模型进行量纲一致性检验以验证模型数学方程式的量纲是否保持一致性，从而保证模型能够合理正确地表达现实系统的情形。本书所构建的模型强调知识量的动态变化，所以各变量都没有实际的量纲单位，模型可通过量纲一致性检验。

（4）极端条件测试。极端条件测试是审视在参数、环境剧烈波动等极端条件下模型仍具有合理性、稳定性。这一测试是否能通过，主要是通过模型输入变量值的变动而引起的模型变化情况来判断的。本书选取建设工程项目管理知识供应量作为变量进行极端情况测试。

当业主方和承包方项目管理知识存量均为0时，在建设工程项目管理中无法提供任何知识供应，则知识供应量为0，且依赖知识供应而产生的建设工程项目管理知识创造量也为0。可见，知识缺口和知识需求量保持一致，变化不显著，如图 6-4 所示。证明模型符合现实情况。即业主方和承包方没有任何管理经验或知识时，代表其知识存量均为 0。则两者均不能供应知识量，导致建设工程项目管理知识创造量也为 0。

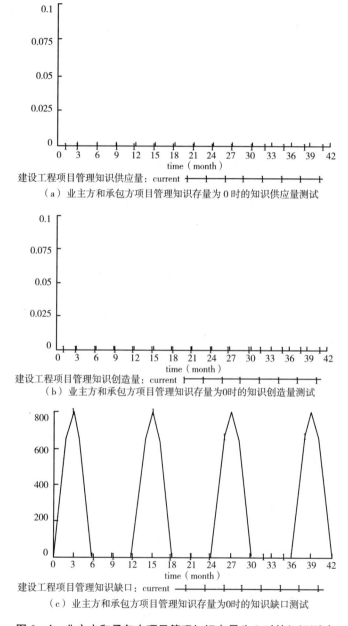

建设工程项目管理知识供应量：current

（a）业主方和承包方项目管理知识存量为 0 时的知识供应量测试

建设工程项目管理知识创造量：current

（b）业主方和承包方项目管理知识存量为0时的知识创造量测试

建设工程项目管理知识缺口：current

（c）业主方和承包方项目管理知识存量为0时的知识缺口测试

图 6-4　业主方和承包方项目管理知识存量为 0 时的知识测试

6.4.2　仿真结果分析及讨论

基于建设工程项目管理知识系统的边界界定与假设条件提出、模型因果关系图与流量存量图的绘制、系统模型方程式的构建与检验等研究与分析，在 Vensim 软件平台上进行系统仿真模拟。以下就系统涌现状态与敏感性分析两个方面对仿真结果进行探讨。

（1）系统涌现状态及趋势分析。

第一，建设工程项目管理知识需求量与知识缺口状态及变化趋势。基于仿真假设，研究周期包括项目决策、设计、施工等环节，涉及 3.5 年（42 个月）时间。每个阶段的建设工程项目管理知识需求量变化趋势相同，但建设工程项目管理知识缺口的变化趋势却不同。如图 6–5 所示，不难发现在建设工程项目管理知识需求量变化趋势相同的情形下，不同阶段的建设工程项目管理知识缺口有所差异，且随着时间变化，建设工程项目管理知识缺口峰值下降。根据具体数值，第 1 周期的峰值为 800（$t =$ 第 6 个月）；最后 1 个周期峰值是 406.12（$t =$ 第 27 个月）。可见，在建设工程项目管理知识需求量变化趋于一致的状态下，随着业主与承包方通过跨组织学习、知识共享等方式，增加建设工程项目管理知识供给量，进而使得建设工程项目管理知识存量不断提升。为此，建设工程项目管理知识缺口峰值量随着时间变化而呈现不断下降的状态。

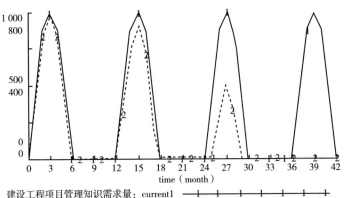

图 6–5　建设工程项目管理知识需求量与知识缺口状态及变化趋势

第二，建设工程项目管理跨组织学习知识量、知识共享量及知识供应量状态及变化趋势。如图6-6所示，不难发现建设工程项目管理跨组织学习知识量随着建设工程项目的实施，不同参建主体的加入，跨组织学习量也不断增加。同时，建设工程项目管理知识共享是速率变量，建设工程项目管理知识供应量是状态变量。知识共享量是因不同参建主体的加入时而发生变化，且知识供应量随着知识共享量的增加而持续递增。由此可见，在建设工程项目管理不同阶段，随着业主与承包方之间合作频次不断上升，如决策阶段与咨询单位合作、设计阶段与设计单位合作、施工阶段与施工单位合作等，各参建单位总的知识共享量增加，导致建设工程项目管理知识供应量的持续增加。

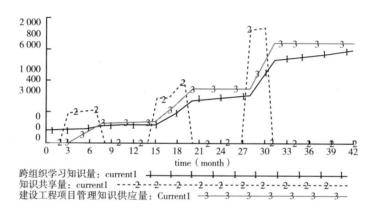

图6-6　跨组织学习知识量、知识共享量及知识供应量状态及变化趋势

第三，建设工程项目管理知识创造量与知识溢出效益的状态及变化趋势。如图6-7所示，不难发现建设工程项目管理知识创造量是速率变量，因不同参建主体随时间推移而逐渐加入后发生变化。如决策阶段咨询单位加入；设计阶段设计单位加入；施工阶段施工单位加入等。随着各参建单位的加入，并在不同阶段进行知识创造，从而会促进建设工程项目管理知识溢出效益提升。知识溢出效益在图6-7中也呈现不断增加的趋势。且随着时间推进，其速率也逐渐提升。由此可见，建设工程项目管理知识系统中各知识主体间通过跨组织学习、知识共享及创造等一系列知识互动与创新活动的正反馈，引起对建设工程项目管理知识系统的正面促进作用。

（2）系统敏感性分析。

第一，变量敏感度试验方案。变量敏感度试验是指通过调整特定变量的赋值，观察模拟结果，找寻那些引起模型模拟仿真结果数值变化剧烈的变量。这些变量的存在即为系统的动态变化敏感点。如若能科学合理地加以干扰，可达到优化系统的目的。总而言之，变量敏感度测试能够帮助剖析影响系统结构与行为的关键动力因素，为梳理具有针对性强的对策建议提供科学理论依据，促进系统良性发展。

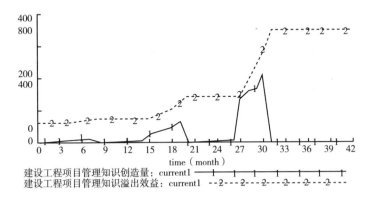

图 6-7　建设工程项目管理知识创造量与知识溢出效益的状态及变化趋势

建设工程项目管理知识系统是一个典型的复杂适应性系统。为此，构建的系统动力学模型中存在大量的辅助变量与状态变量，必须逐一对其开展变量敏感度试验工作，才能较为全面地、系统地探寻不同变量对系统动力学模型仿真运行的影响状态。进而筛选出导致模型仿真模拟结果剧烈变动的变量，最终确定知识系统涌现的关键动力因素。

第二，变量敏感度分析过程。基于敏感度检验检测模型全部状态变量与常量，发现模型中大多数变量即便在极端条件检测中引起系统的趋势变化也甚微；只有组织结构、组织间关系、知识管理技术资源投入等 3 个因素的初始值改变将引起系统发展趋势变动显著。由此，确认系统的关键动力因素。具体描述如下：

①组织结构扁平灵活程度。图 6-8 至图 6-10 是 "组织结构扁平灵活程度" 对跨组织学习量、知识共享量和知识溢出效益影响效果的模型仿真结果图，是在以组织结构扁平灵活程度为基准值、高于基准值 20%、低于基准值 20% 的 3 种情况下分别进行模型模拟仿真后得到的趋势对比图。其中，基准值是该参数的初始赋值。且曲线 2 代表基准值；曲线 3 代表高于基准值 20%；曲线 1 代表低于基准值 20%。

由此可见，组织结构扁平灵活程度越高，建设工程项目管理知识溢出效

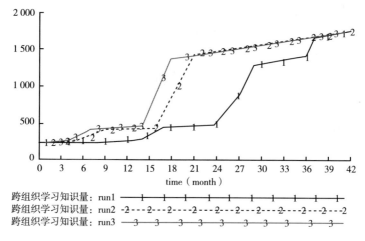

跨组织学习知识量：run1 ——+——+——+——+——+——+——+——+——
跨组织学习知识量：run2 -2---2---2---2---2---2---2---2---2
跨组织学习知识量：run3 —3——3——3——3——3——3——3——3——3

图6-8　组织结构对跨组织学习知识量的影响

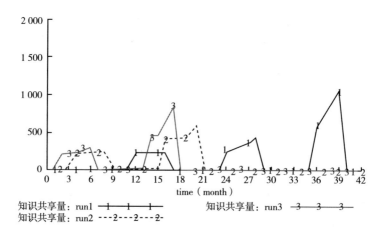

知识共享量：run1 ——+——+——+———　　　知识共享量：run3 —3——3——3—
知识共享量：run2 ---2---2---2-

图6-9　组织结构对知识共享量的影响

益的影响越大。尤其是在仿真后期，影响越明显，则表明项目组织结构是建设工程项目管理知识系统的关键动力因素之一。在仿真初期，即在项目决策和设计阶段，项目管理知识溢出效益产生较少，主要是由于该时期建设工程项目管理知识系统尚未完全建设成功。同时，跨组织学习知识量随着业主与咨询单位、设计单位的合作而逐渐增加。且组织结构扁平灵活程度越高的情形下，组织学习知识量增速也越高。另外，在决策、设计及施工等阶段均开展知识共享。组织结构扁平灵活程度越高，代表项目组织间知识交流通畅、频次多，更容易开展知识共享行为。

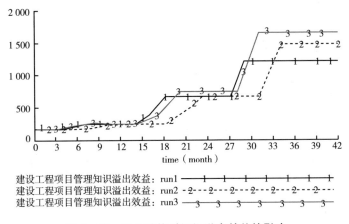

图6-10 组织结构对知识溢出效益的影响

②组织间关系紧密程度。图6-11至图6-13是"组织间关系紧密程度"对跨组织学习量、知识共享量和知识溢出效益影响效果的仿真结果图，是在以组织间关系紧密程度为基准值、高于基准值20%、低于基准值20%的3种情况下分别进行仿真后得到的趋势比较图。其中，基准值是该参数的初始赋值。且曲线2代表基准值；曲线3代表高于基准值20%；曲线1代表低于基准值20%。

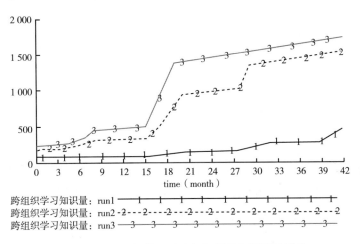

图6-11 组织间关系对跨组织学习知识量的影响

由此可见，组织间关系紧密程度越高，建设工程项目管理知识溢出效益的影响越大，则表明组织间关系是建设工程项目管理知识系统的关键动力因素。组织间关系紧密程度非常高之后，建设工程项目管理知识溢出效益并非

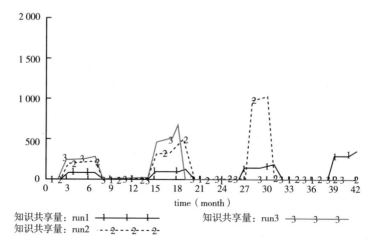

图 6 - 12　组织间关系对知识共享量的影响

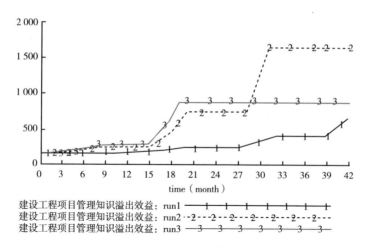

图 6 - 13　组织间关系对知识溢出效益的影响

能达到极好的效果。在仿真初期，即在项目决策和设计阶段，项目管理知识溢出效益产生较少，组织间关系与知识溢出效益间呈现倒 U 的关系。并非一直增加组织间关系，知识溢出效益就完全持续增长。同时，跨组织学习知识量随着业主与咨询单位、设计单位、施工单位等承包方合作而逐渐增加。且组织间关系紧密程度越高的情形下，组织学习知识量增速也越高。另外，在决策、设计及施工等阶段均开展知识共享。组织间关系紧密程度越高，意味着组织间多重关系交织，形成多种沟通渠道，增强组织间互信与分享，促进知识共享开展速度。

③知识管理技术资源投入程度。图6－14至图6－16是"知识管理技术资源投入程度"对跨组织学习量、知识共享量和知识溢出效益影响效果的仿真结果图，是在以知识管理技术资源投入程度为基准值、高于基准值20%、低于基准值20%的3种情况下分别进行仿真后得到的趋势比较图。其中，基准值是该参数的初始赋值。且曲线2代表基准值；曲线3代表高于基准值20%；曲线1代表低于基准值20%。

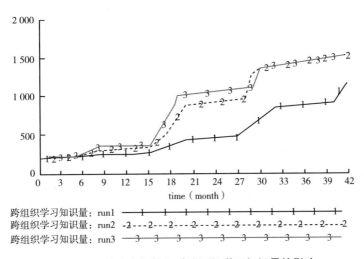

图6－14　技术资源投入对跨组织学习知识量的影响

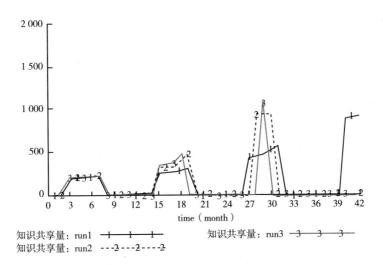

图6－15　技术资源投入对知识共享量的影响

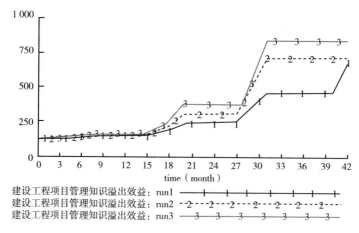

建设工程项目管理知识溢出效益：run1 ├──┼──┼──┼──┼──┼──┼──┼──┤
建设工程项目管理知识溢出效益：run2 -2--2--2--2--2--2--2--2--2-
建设工程项目管理知识溢出效益：run3 ─3──3──3──3──3──3──3──3──3─

图 6 - 16　技术资源投入对知识溢出效益的影响

　　由此可见，知识管理技术资源投入程度越高，建设工程项目管理知识溢出效益影响越大。尤其是在仿真后期，影响越明显，则表明组织间关系是建设工程项目管理知识系统的关键动力因素。同时，跨组织学习知识量随着业主与咨询单位、设计单位、施工单位等承包方合作而逐渐增加。且知识管理技术资源投入程度越高的情形下，组织学习知识量增速也越高。但在仿真后期这种趋势较基准线来说不是特别显著。另外，知识共享量随着知识管理技术资源投入程度越大，而提前完成。

6.5　本 章 小 结

　　建设工程项目管理知识系统是一类特殊的复杂适应性系统，具有主体多元性、知识异质性与互补性等特点。本章运用系统动力学方法，以如何提升建设工程项目管理知识溢出效益为目标，构建建设工程项目管理知识系统涌现动力学仿真模型。划定仿真系统边界，提出研究基本假设，明确系统中的因果关系，绘制因果回路图。再结合变量类型，绘制存量流量图。运行仿真模型后，通过仿真结果，首先，剖析了建设工程项目管理知识系统涌现状态及变化趋势，发现：①当建设工程项目管理知识需求量变化在各建设周期内趋于一致时，建设工程项目管理知识缺口峰值量却会随着时间变化而呈现不断下降的状态；②当各参建单位跨组织学习互动增加时，各参建单位总的知识共享量增加，导致建设工程项目管理知识供应量的持续增加。

其次，探寻作用于建设工程项目管理知识系统涌现的关键动力因素，揭示了建设项目管理知识系统涌现过程中各动力因素的作用规律。最终确认建设工程项目管理知识涌现的 3 个关键动力因素为组织结构扁平灵活程度、组织间关系紧密程度、知识管理技术资源投入程度等。其中，在决策、设计及施工等阶段均开展知识共享。组织结构扁平灵活程度越高，代表项目组织间知识交流通畅、频次多，更容易开展知识共享活动，建设工程项目管理知识溢出效益也就更明显；组织间关系紧密程度越高，意味着组织间多重关系交织，形成多种沟通渠道，增强组织间互信与分享，促进知识共享开展速度，进而对建设工程项目管理知识溢出效益影响更大；知识管理技术资源投入程度越高，组织学习知识量增速也越高，对建设工程项目管理知识溢出效益影响更大。最后总而言之，基于仿真分析过程，模拟了建设工程项目管理知识系统涌现过程中各动力因素动态的作用规律。

第7章 面向涌现过程的建设工程项目管理知识系统混沌分析

建设工程项目管理知识系统涌现将推动系统结构与功能的改变，促进系统层次转化，最终可体现为系统迈入健康运行或混沌状态两种结果。通过第5章建设工程项目管理知识系统涌现的动力学模型及仿真分析，深入探究了建设工程项目管理知识系统涌现出的系统迈入健康运行状态。为深入分析建设工程项目管理知识系统涌现可能出现的另一结果即系统混沌状态，本章节从业主方为主导、多主体参与的系统集成商视角，分析建设工程项目管理知识系统涌现3个阶段，解析建设工程项目管理知识系统混沌特性，构建该系统涌现过程模型与混沌控制模型，数值模拟建设工程项目管理知识系统涌现过程出现的混沌状态及控制。

7.1 混沌现象的理论阐释与虫口模型介绍

（1）混沌现象的理论阐释。

第一，混沌定义及特征。混沌是复杂自适应性系统中存在随机无规则的现象，而看似随机无序行为背后蕴含着特定秩序，表现系统在非线性作用下产生的混沌现象。换言之，若系统涌现过程中存在混沌现象，则其变化存在特定规律。如系统初始值的敏感性。即初始值细微变化，经长期演化后，导致系统结果发生巨大差异。混沌现象最初由美国气象学家洛伦茨发现，提出"蝴蝶效应"，引起了学者们广泛的研究。尤其是经济管理领域中，也有学者提出"牛鞭效应""长鞭效应"，均是对混沌现象生动而形象的描述。此外，国际学者李天岩（T. Y. Li）与数学家约克（York）基于数学模型的视角，界定混沌现象，并引起学术界广泛认同。

基于数学意义。李天岩与约克将混沌界定为：封闭区间 $[A，B]$ 上的连续自映射函数 $F(x)$，若满足以下条件，则该连续自映射函数可表达混沌现象。具体条件为：$F(x)$ 周期点上的周期是无上界的；存在不可数子集合 U 属于封闭区间 $[A，B]$，且 U 中没有周期点，并满足：①对于任意 $x，y \in U$，有 $\liminf\limits_{n \to \infty} |F^n(x) - F^n(y)| = 0$；②对于任意 $x，y \in U$，且 $x \neq y$，有 $\limsup\limits_{n \to \infty} |F^n(x) - F^n(y)| > 0$；③对于任意 $x \in U$ 和 $f(x)$ 的任意周期点 y，有 $\limsup\limits_{n \to \infty} |F^n(x) - F^n(y)| > 0$。

基于上述定义，通俗讲，混沌是在确定性系统中的貌似随机不规则运动，却是非线性动力学系统固有特性与普遍存在的现象。一般而言，非线性动力系统中混沌运动特征具体表现在以下几个方面：①初值敏感性。混沌状态下，两条运动轨道虽然初值差别细微，但随着时间会以指数级速率变化而相互分离，难以预测混沌运动的长期行为；②遍历性强调混沌运动轨线经过混沌区域所有状态点；③随机性表现在确定的输入。混沌状态的系统会产生随机性输出，反映系统处于混沌状态是局部的不稳定性。

第二，混沌现象的识别方法。学术界对混沌现象的识别方法通常有数值仿真方法、计算统计量方法及解析分析方法。①数值仿真方法是依托计算机平台，通过数值求解模型方程。借助 Matlab 软件，绘制模型方程相图、分岔图、功率谱图等。通过图形来识别混沌现象的存在性。②计算统计量方法。混沌系统具有典型的统计特征，如正的李雅谱诺夫（Lyapunov）指数、分数维、正的测度熵等统计量。③解析分析方法又可分为梅尔尼科夫方法和什尔尼科夫方法。梅尔尼科夫方法主要通过解析计算，分析与原系统等价的二维映射系统存在横截同宿点的数学条件来判断原系统存在具有斯梅尔马蹄变换意义下的混沌。什尔尼科夫方法则通过直接证明与原系统等价的二维映射系统存在斯梅尔马蹄变换来说明原系统具有混沌行为。鉴于解析分析方法较为复杂，在以往经济管理混沌研究中常优先选择数值仿真方法与计算统计量方法。

（2）虫口模型介绍。虫口模型最早是被用于生态科学研究领域中探索生态系统混沌现象的有效方法，它是描述无世代交叠生物种群系统演化的经典模型。假设某岛屿上存在某种昆虫（无天敌），每年夏季产卵后全部死亡，第二年春季每个虫卵孵化出 1 只虫子。设第 n 年的虫子数目为 X_n，

则显然第 $n+1$ 年的虫子数目为 X_{n+1}。受外界自然资源等因素制约，主要表现在：①虫子自身的繁殖。设 α 为增殖系数，则增殖数为 αX_n；②因生存空间、实物等有限资源造成同物种虫子间互相竞争，从而导致虫子数目的负增长。设与 X_n^2 成正比，β 为系数，故减少 βX_n^2。因此，第 $n+1$ 年的虫子数目可用式（7-1）表示：

$$X_{n+1} = \alpha X_n - \beta X_n^2 \tag{7-1}$$

为简单起见，令 $X_n = \dfrac{\beta}{\alpha} X_n$，方程化为：

$$X_{n+1} = \mu X_n (1 - X_n) \tag{7-2}$$

这就是大家熟悉的著名的 Logistic 方程，也称一维 Logistic 映射。

学术界常应用虫口模型研究经济管理领域系统运动过程中的混沌状态。要求虫口模型中昆虫在有限资源环境下生息繁衍，且代与代间无混合。本书所研究的建设工程项目管理知识系统涌现，以知识系统中由第 n 代建设工程项目管理实践后所获取的第 n 代建设工程项目管理知识存量可视为第 n 代种群数量。知识存量可从无到有，抑或已有知识存量的知识创新升级替代，被视为前后代与代间的无混合。建设工程项目管理知识系统的所有资源所产生的最大知识成果被看作自然界中有限资源环境支撑与供养种群数量的最大限额。

7.2　建设工程项目管理知识系统涌现过程与系统混沌特性分析

（1）建设工程项目管理知识系统涌现过程的三阶段。基于建设工程项目管理知识已有的研究成果，依据涌现理论和复杂适应性系统理论，从业主方为主导、多主体参与的系统集成商视角，根植于建设工程项目管理实践，结合第4~第6章的分析，不难发现建设工程项目管理知识系统涌现过程受到组织结构、跨组织学习、组织间关系、知识共享、知识创造、知识管理技术资源投入、宏观环境及工程需求等关键动力因素影响。根据这些动力因素在建设工程项目管理知识系统涌现过程中的作用，结合建设工程项目实施流程，可将建设工程项目管理知识系统涌现过程分初级阶段、成长阶段、成熟与更新阶段等 3 个阶段。

第一，建设工程项目管理知识系统初级阶段。该阶段在工程需求的牵引下，以业主为主导者，组织少许的咨询单位、设计院等单位开展项目立项决策与规划等工作，建设工程项目管理知识系统雏形初现。如项目业主结合以往同类型项目规划建设经验，组建项目专家库，开展项目市场及选址调研。且邀请专业中介咨询机构，协助其项目立项与决策相关工作的开展，促进业主项目决策知识更新。然初级阶段面临组织结构简单、跨组织间关系信任度低、彼此间未能轻易分享关键异质性知识、主体新知识获取与吸收能力弱、知识管理技术资源投入不足等问题，导致建设工程项目管理知识传播数量少、速度慢。

第二，建设工程项目管理知识系统成长阶段。在该阶段中，项目已决策立项，施工图初步确定，建设工程项目管理目标更加明确与具体，项目任务深入细化。业主在工程需求驱动与项目任务导向下，选择具备对应业务能力的知识创造主体，如招标、造价咨询机构、施工单位及各类供应商等，形成以业主为主导、多主体参与的系统集成商。知识创造主体的规模也进一步扩大，各知识主体间合作伙伴关系进一步深化，异质性知识共享显著，加大知识管理技术资源投入，提升了建设工程项目管理知识创造的整体能力，促进了建设工程项目管理的知识溢出。

第三，建设工程项目管理知识系统成熟与更新阶段。在该阶段中，基于建设工程项目管理活动的实施，具有一定技术与知识积累的参建主体，通过技术与知识共享，形成已有技术、知识的优势互补，推动建设工程项目管理知识创造与涌现。以业主方为主导、多主体参与的系统集成商总结参建项目管理中的经验与问题，更新自身知识结构，提升建设工程项目管理综合能力，形成了建设工程项目管理的知识溢出效益。并随着未来新项目开发，基于不同建设工程需求驱动，各知识主体不断加入新的建设工程项目管理中，不断更新以业主方为主导、多主体参与的系统集成商建设工程项目管理知识系统，也存在不适应新工程需求问题。加上自身知识水平不够，进而引发建设工程项目管理知识系统发生震荡，从而进入混沌状态。

（2）建设工程项目管理知识系统混沌特性分析。混沌研究缘于洛伦茨的天气预测模型，提出著名的"蝴蝶效应"。混沌理论揭示自然界复杂无序与混乱现象背后的秩序。自然界与人类社会中混沌现象产生的本质原因是复杂系统内部非线性因素作用和对初始条件的敏感依赖性。经 3.3 节建设工程项目管理知识系统涌现分析发现，建设工程项目管理知识系统是由多主体参与、多环节协同、多资源融合的复杂适应性系统。其涌现过程是组织因素、管理因素和环境因素等非线性因素共同作用的结果，且对初始值具有敏感依赖性。从建设工程项目管理知识系统混沌特性来看，其主要特征表现在以下几个方面：

第一，知识系统复杂性。建设工程项目管理知识系统是以业主为核心，形成高校、科研单位、设计单位、施工单位、供应商、政府、科技中介、金融中介等多主体组成的跨组织结构。各参建主体知识结构极其复杂，涉及不同学科与专业，且知识创造能力与资源投入具有差异性，从而导致建设工程项目管理知识系统的复杂性。

第二，非线性因素作用下的内在随机性。混沌现象是具有确定性的复杂系统内部非线性因素作用下引发的内在随机性的映射与反应。其中随机性强调系统无规则、未能预测的行为；内在随机性表示从系统内部呈现出的随机性行为。如在建设工程项目管理知识系统中涉及人力、物力、财力等资源投入与混合作用，尤为重要的是人力，且由人才创新性思维与创造力的变动引发建设工程项目管理知识系统中的随机行为出现。此外，还存在跨组织间关系、异质性知识等方面的相互作用与耦合，产生无法预测的情况与无法估算结果，更可能会导致建设工程项目管理知识系统进入混沌状态。

（3）对初始条件的敏感依赖性。复杂系统初始值微小差异变化，短期内虽未呈现出较大差异，但对系统长期行为的影响巨大。这种系统长期的发展与变化行为对初始值的敏感依赖是系统混沌的本质特性之一。基于项目开发与实施为导向，建设工程项目管理过程中涉及项目决策、设计、招投标、施工、验收等环节，均受到知识系统内部非线性因素的作用。各因素不同的初始值对建设工程项目管理知识存量与溢出效益影响极大。如在建设工程项目立项决策过程中，各组织间关系通过知识分享作用于项目立项决策的成熟度，跨组织间关系强度微小差异，会导致项目立项决策是否成熟或被否决，影响系统涌现是否能正常进行。此外，在建设工程项目管理过程中，选取不同时间节点的非线性要素初始值的微小差异，所引发系统的多节点与环节乃至主体的变化更为复杂，导致建设工程项目管理知识系统的最终状态差别巨大。

7.3　建设工程项目管理知识系统涌现过程模型构建与分析

（1）建设工程项目管理知识系统涌现过程模型构建。为深入分析建设工程项目管理知识系统涌现过程可能存在的混沌状态，以及混沌状态存在的条件，构建建设工程项目管理知识系统涌现过程模型。并结合 6.1 节和 6.2 节的内容，发现建设工程项目管理知识系统涌现过程符合虫口模型中昆虫进化的基本条件。为此，借助虫口模型分析建设工程项目管理知识系统涌现规律。假设 π_n 代表由 n 代建设工程项目管理实践后所获取的第 n 代项目管理知识存量总数；ω_n 代表建设工程项目管理知识系统中所有资源投入后所产生的最大知识成果。$A_n = \dfrac{\pi_n}{\omega_n}$，代表建设工程项目管理知识系统中第 n 代知识相对成果数。其中"n 代"并未指"n 年"，仅代表第"n 实践周期"。在考虑组织因素、管理因素和环境因素等非线性因素的作用下，建设工程项目管理知识系统涌现过程模型由第 $n+1$ 代与第 n 代的知识成果数关系所表示。具体表达式为：

$$A_{n+1} = UA_n[1 - A_n], U > 0, A_n \in [0,1] \tag{7-3}$$

其中，$U = \psi(x_1, x_2, \ldots, x_n)$，表示组织因素、管理因素和环境因素等非线性因素综合作用。

（2）建设工程项目管理知识系统涌现过程模型分析。针对 $A_{n+1} = UA_n[1 - A_n]$ 模型，构建函数 $f(A) = UA(1 - A)$。当 $0 \leqslant A_n \leqslant 1$ 时，根据函数求导，发现函数 $f(A)$ 在 $U = \dfrac{1}{2}$ 处存在极大值，极大值为 $f\left(\dfrac{1}{2}\right) = \dfrac{U}{4}$。且当 $0 < U \leqslant 4$ 时，不难推导出映射 f 把区间 $[0,1]$ 映射到它自身。现考察 U 从 0 逐渐变大过程中，$A_{n+1} = UA_n[1 - A_n]$ 的周期解及其稳定性改变情况。

设 $A_{n+1} = UA_n[1 - A_n]$ 平衡点为 A，可解方程 $A = UA(1 - A)$ 得到两个解：$A_1 = 0$；$A_2 = 1 - \dfrac{1}{U}$。当 $0 < U \leqslant 1$ 时，$A_2 \leqslant 0$。此时建设工程项目管理知识系统涌现过程模型在区间 $[0,1]$ 上有且仅有一个平衡点 $A_1 = 0$。为判断平衡点的稳

定性，可根据 $\dfrac{\mathrm{d}f(A)}{\mathrm{d}A}$ 在 λ_1 处绝对值是否小于 1 来判定。因为 $f'(A) = U(1 - 2A)$，$|f'(0)| = U < 1$，所以 $A_1 = 0$ 是稳定的。

同理可分析，当 $1 < U < 3$ 时，$A_1 = 0$，$A_2 = 1 - \dfrac{1}{U}$ 均为平衡点。由于 $|f'(0) = U > 1|$，$\left|f'\left(1 - \dfrac{1}{U}\right)\right| = |2 - U| < 1$，所以 A_1 变成不稳定，而 A_2 是稳定的。当 $U > 3$ 时，A_2 也变成不稳定。

为深入考察式（7-3）的周期 2 点，求解方程 $A = f^2(U) = U^2 A(1 - A)[1 - UA(1 - A)]$

即：
$$A = \{1 - U^2(1 - A)[1 - UA(1 - A)]\} \tag{7-4}$$

容易验证，$A_1 = 0$，$A_2 = 1 - \dfrac{1}{U}$ 仍然是式（7-4）的解。此外，方程（7-4）在 $[0,1]$ 上还有两个解：

$$A_3 = \frac{1}{2U}[1 + U - \sqrt{(U+1)(U-3)}] \tag{7-5}$$

$$A_4 = \frac{1}{2U}[1 + U + \sqrt{(U+1)(U-3)}] \tag{7-6}$$

经计算可知，使 $\left|\dfrac{\mathrm{d}f^2(A)}{\mathrm{d}A}\right| = 1$ 时，此时 $U = 1 + \sqrt{6} \approx 3.499$。

当 $3 < U < 1 + \sqrt{6}$ 时，两周期的 A_3，A_4 是稳定点。如当 $U = 3.2$ 时，此时 $\lambda_3 = 0.513$，$\lambda_4 = 0.780$，均为系统稳定点。由此可见，$U = 3$ 为分岔点。当 $U > 3$ 时，原来两个稳定的平衡点 A_3，A_4 失去稳定性，此时新分出来 2 个稳定的周期 2 点。当 $U > 1 + \sqrt{6} \approx 3.499$ 时，A_3，A_4 均变为不稳定。

可证明，$U = 1 + \sqrt{6}$ 也是一个分岔点。当 $1 + \sqrt{6} < U < U_3 \approx 3.544$ 时，周期 2 点虽存在，但已变为不稳定，从而产生新的 4 个稳定的周期 4 点。如当 $U = 3.5$ 时，周期为 4 的周期解为 $\{0.383, 0.827, 0.501, 0.875\}$。为此，$U_3$ 又是一个分岔点。当 $U_3 < U < U_4 \approx 3.564$ 时，上述 4 个稳定的周期 4 点均变为不稳定，又新产生 8 个稳定的周期 8 点。当 $U_4 < U < U_5$ 时，8 个稳定的周期 8 点失去稳定性，进而产生 16 个稳定的周期 16 点。该倍分岔过程在区间 $[3,4]$ 内可以无限次地进行下去，且相邻两个分岔点的差值越来越小。

通过大量计算能够发现，随着倍分岔的无限进行，U 将会趋向于一个常数，即 $U_\infty \approx 3.570$。当 $U > 3.570$ 时，系统会进入混沌状态。上述整个分岔过程如图 7-1 所示（非比例绘图）。

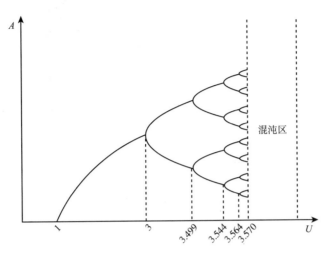

图 7-1　建设工程项目管理知识系统分岔

7.4　建设工程项目管理知识系统涌现过程数值模拟及分析

7.4.1　建设工程项目管理知识系统涌现过程模拟及混沌分岔现象

利用 Matlab 软件，对建设工程项目管理知识系统涌现过程进行数值模拟分析。根据建设工程项目管理实践案例分析，结合有关学者对相对成果数绩效测算。假设建设工程项目管理知识系统中第 1 代知识相对成果数为 0.60，即 $A_1 = 0.60$，代表资源投入产出知识相对成果数效率为 60% 。基于第 1 代知识相对成果数，结合 $U = \psi(x_1, x_2, \ldots, x_n)$ 在 $[0, 4]$ 内变化值分析建设工程项目管理知识系统涌现过程及混沌分岔现象，如图 7-2 所示。

（1）建设工程项目管理知识系统涌现初级阶段的数值模拟与讨论。由图 7-2 可知，当 $0 < U \leq 1$ 时，随 U 值逐渐从 0 增大到 1，知识相对成果数并未发生明显变化，且为零。从而验证"当 $0 < U \leq 1$ 时，建设工程项目管理知

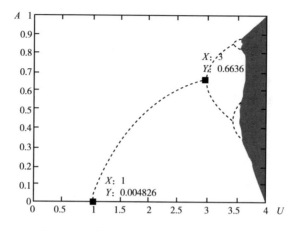

图 7-2 建设工程项目管理知识系统涌现

识系统涌现过程模型在区间 $[0,1]$ 上有且仅有一个平衡点 $U_1 = 0$" 的推论。为深入刻画该推论开展数值模拟，此时随意任取 $U = 0.20$，0.40，0.60，0.90 时，得到不同 U 值下建设工程项目管理知识系统涌现过程，如图 7-3 所示。即当 $U \in [0,1]$ 时，组织因素、管理因素和环境因素等非线性因素综合作用于 U 对建设工程项目管理知识系统涌现的作用不明显，建设工程项目管理

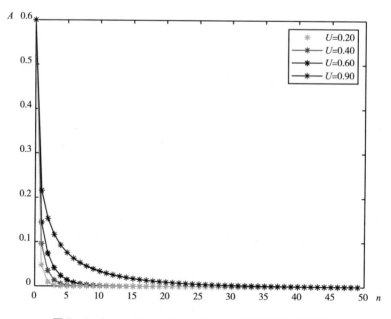

图 7-3 $U = 0.20$，0.40，0.60，0.90 的知识系统涌现

知识系统涌现最终走向衰落。该现象存在于建设工程项目管理知识系统涌现的初级阶段。此时的项目组织结构简单，施工、设计等承包单位等知识主体介入较少，跨组织间关系信任度较低，从而影响异质性知识分享与流动。再加上知识管理技术资源投入不足等问题，导致在项目初期的建设工程项目管理知识传播量少、速度慢，从而未能促进建设工程项目管理知识系统的涌现。

（2）建设工程项目管理知识系统涌现成长阶段的数值模拟与讨论。由图 7–2 可知，当 $1 < U < 3$ 时，知识相对成果数随 U 值增大而增加。从而验证 7.3 节中当 $1 < U < 3$ 时，$A_1 = 0$，$A_2 = 1 - \dfrac{1}{U}$ 均为平衡点。由于 $|f'(0) = U > 1|$，$\left| f'\left(1 - \dfrac{1}{U}\right) \right| = |2 - U| < 1$，故 A_1 不稳定，而 A_2 是稳定平衡点"的推论。为深入刻画该推论开展数值模拟。此时随意任取 $U = 1.60$，1.90，2.50，2.80，得到不同 U 值下建设工程项目管理知识系统涌现过程，如图 7–4 所示。随 U 值增加，知识相对成果数会逐渐趋向于稳定值。如当 $U = 1.90$ 时，稳定值为 $A_n = 0.4737$；当 $U = 2.50$ 时，稳定值为 $A_n = 0.6$。且不难发现，在此稳定状态下，U 值增大的同时，知识相对成果数值也增大。这表明当 U 值在适当范围内增加时，有助于促进建设工程项目管理知识系统中

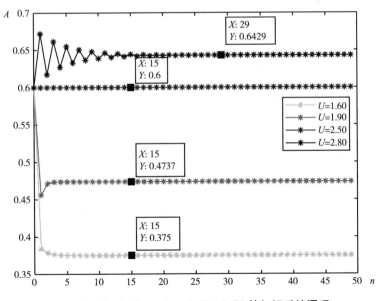

图 7–4　$U = 1.60$，1.90，2.50，2.80 的知识系统涌现

知识相对成果数的提升。该情形存在于建设工程项目管理知识系统涌现的成长阶段。此时，建设工程项目管理目标更加明确与具体，项目任务进一步细分，邀请更多的专业承包商参与，推进了知识主体规模的扩大。同时在工程需求驱动与项目任务导向下，知识主体间的互动更加频繁，主体间合作伙伴关系得到深化，异质性知识共享显著。提高该系统的知识创造能力，促进建设工程项目管理的知识溢出，从而增加建设工程项目管理知识系统中的知识相对成果数。

（3）建设工程项目管理知识系统涌现成熟与更新阶段混沌分岔现象数值模拟与讨论。由图 7-2 可知，当 $U \geq 3$ 时，随 U 值进一步增大，建设工程项目管理知识系统开始出现分岔现象。从而验证 7.3 节中相关推论。为深入刻画该推论开展数值模拟。此时随意任取 $U = 3.1$，3.3，3.5 时，得到不同 U 值下建设工程项目管理知识系统出现的混沌分岔现象，如图 7-5 至图 7-7 所示。随 U 值的增大，知识相对成果数会在短时间内出现激增现象，而后稳定于两点间周期振动。如 $U = 3.1$ 时，知识相对成果数稳定波动于 0.5581～0.7629；$U = 3.5$ 时，知识相对成果数稳定波动于 0.3823～0.8719。通过对比图 7-5 可以得知，$U = 3$ 是一个临界值。当 $U > 3$ 时，随 U 值的增大，建设工程项目管理知识系统中知识相对成果数时而被促进，时而被阻碍。此时建

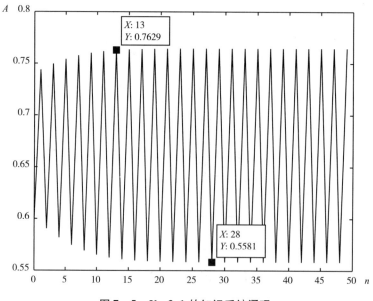

图 7-5 $U = 3.1$ 的知识系统涌现

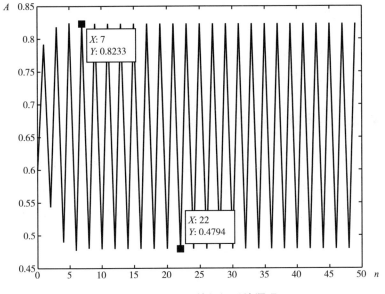

图 7 - 6 *U* = 3. 3 的知识系统涌现

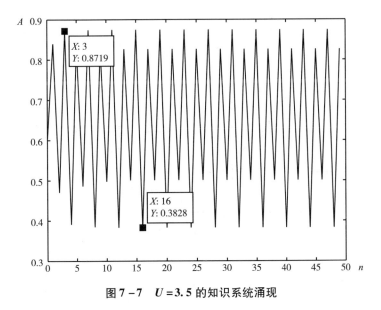

图 7 - 7 *U* = 3. 5 的知识系统涌现

设工程项目管理知识系统进入混沌状态。该现象存在于建设工程项目管理知识系统涌现成熟与更新阶段。该阶段中，以业主方为主导、多主体参与的系统集成商总结参建项目管理中的经验与问题，更新自身知识结构，提升建设工程项目管理的综合能力，产生了建设工程项目管理的知识溢出效益。基于不同建设工程需求驱动，各知识主体不断加入新的建设工程项目管理中。以业主为主导、多知识主体参与的建设工程项目管理知识系统不断更新，也存在不适应新工程需求问题。加上自身知识水平不够，从而引发建设工程项目管理知识系统的混沌状态，对建设工程项目管理知识创造与涌现起到负面作用。

7.4.2 最大李雅谱诺夫指数分析

李雅谱诺夫指数（Lyapunov）用于表征相空间相邻轨迹中平均指数发散率，常被学术界用来判断系统混沌状态。当 Lyapunov 指数 $\lambda < 0$ 时，非线性复杂系统处于稳定状态（牛秀红等，2019）；当 Lyapunov 指数 $\lambda > 0$ 时，非线性复杂系统处于不稳定的混沌状态；当 Lyapunov 指数 $\lambda = 0$ 时，非线性复杂系统处于周期运动（刘云平等，2016）。

基于 7.3 节中系统基本假设，通过数值模拟，计算建设工程项目管理知识系统的最大李雅谱诺夫指数，如图 7 - 8 所示。当 $U \in (0,1) \cup (1,3)$ 时，Lyapunov 指数 $\lambda < 0$；当 $U = 1，3$ 时，Lyapunov 指数 $\lambda = 0$；当 $U > 3.570$ 时，Lyapunov 指数 $\lambda > 0$。与图 7 - 2 中建设工程项目管理知识系统涌现轨迹相吻合，进一步验证建设工程项目管理知识系统涌现过程模型的科学性、准确性。

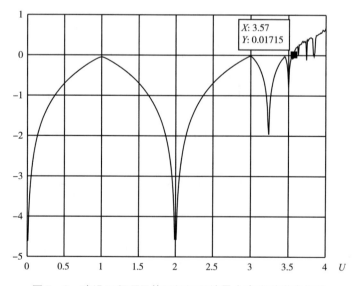

图 7 - 8　建设工程项目管理知识系统最大李雅谱诺夫指数

7.4.3　初始值敏感依赖性分析

初始值敏感依赖性是非线性复杂系统普遍存在的混沌特性，强调初始值细微变化可能会与混沌系统长期结果相差巨大。由上文可知，当 $1 < U < 3$ 时，建设工程项目管理知识系统涌现过程是稳定的（于淼，2017）。故任取 $U \in (1,3)$，即取当 $U = 2.8$ 时，系统处于稳定状态。当建设工程项目管理知识系统第 1 代知识相对成果数取值 A 相差 0.01 时，经 100 次迭代后结果差值仅为 0，如图 7 – 9 所示，且期初迭代时虽存在较小差值，经迭代约为 5 次后，差值变为 0。

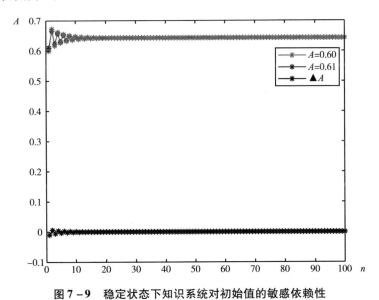

图 7 – 9　稳定状态下知识系统对初始值的敏感依赖性

而当 $U = 3.65$ 时，建设工程项目管理知识系统处于混沌状态。同样选取两初始数值 A 相差 0.01 时，经 100 次迭代后结果差值较大，如图 7 – 10 所示。当迭代到 71 次时结果就相差 0.3141。由此可见，混沌系统对初始值有较大的敏感依赖性。即第 1 代知识相对成果数值对多次迭代后结果具有显著影响。这意味着建设工程项目管理知识系统处在混沌状态时，已有技术基础和知识水平对建设工程项目管理知识涌现与创造十分重要。尤其业主方重新筛选时，须考虑技术与知识积累水平高的参建主体。以免知识相对成果数微小差别，造成巨大反差，引起严重后果。

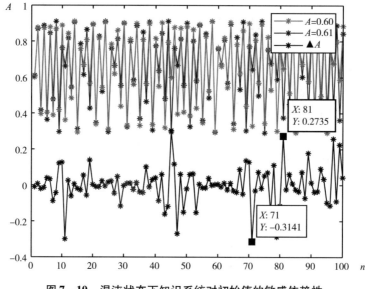

图 7-10 混沌状态下知识系统对初始值的敏感依赖性

7.5 建设工程项目管理知识系统混沌控制 模型构建及数值模拟

7.5.1 建设工程项目管理知识系统混沌控制模型

基于 7.3 节分析可知，当 $U > 3.570$ 时，建设工程项目管理知识系统将进入混沌状态。即组织因素、管理因素和环境因素等非线性因素综合作用超过一定范围时，会对知识系统造成一定负面影响。从经济学角度看，混沌现象往往是有害的。为此须尽可能在混沌现象发生前对建设工程项目管理知识系统进行预防，并在混沌现象发生后对其及时控制。在数学模型上，通过增加调节参数 $K(0 \leq K \leq 1)$，构建建设工程项目管理知识系统混沌控制模型，对知识系统出现的混沌现象进行控制。其中，K 代表知识创造率增加值，干预建设工程项目管理知识系统混沌状态，以降低混沌现象对该知识系统的负面影响。增加调节参数后建设工程项目管理知识系统混沌控制模型表示为：

$$A_{n+1} = (1 - K)UA_n(1 - A_n) + KA_n \qquad (7-7)$$

7.5.2　混沌控制数值模拟

为控制建设工程项目管理知识系统出现的混沌现象，采用调整参数控制方法。深入研究引入的调整参数 K 对混沌系统控制作用，选取 $U = 3.65$，初始值为 $A_1 = 0.60$。此时知识系统进入混沌状态，进行数值模拟分析，形象刻画参数 U 的混沌控制作用，如图 7 - 11 所示。当 $K = 0$ 时，即知识创造率未得到提升，意味着资源投入，相关参建主体作用不显著，此时系统仍处于混沌无序状态。随着 K 从 0 开始逐渐增大，能够明显发现混沌现象在削弱。当 K 增加到 0.25 时，随着 K 的进一步增加，系统将处于稳定状态，系统混沌状态得以较好控制。

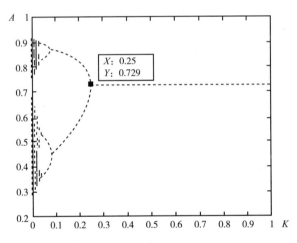

图 7 - 11　建设工程项目管理知识系统随 K 变化的分岔

由此可见，建设工程项目管理知识系统的稳定状态是参建主体最期望的。然而人却是有限理性的，细微决策偏差或会导致系统进入混沌状态。如主体创新能力弱或创新资源投入少，抑或主体间合作伙伴关系尚未形成，均会导致 U 值超过 3.570，让系统进入混沌状态。此时亟须混沌控制，以免造成危害与系统崩溃。通过加入调节参数知识创造率，如增加创新资源投入，提升创新主体学习积极性与创新能力，增强创新主体间合作伙伴关系，从而提高了知识创造率。在一定程度上干预该系统混沌状态，达到延缓或消除系统混沌状态，有利于建设工程项目管理知识系统相对成果数的稳定增长。

7.6   本章小结

本章扎根于建设工程项目管理实践，从系统集成商视角，深入分析建设工程项目管理知识系统涌现过程中系统出现的混沌状态。基于混沌理论，依托虫口模型，构建建设工程项目管理知识系统涌现过程模型。通过数学模型推导过程，深入揭示建设工程项目管理知识系统涌现的三个阶段。借用 Matlab 软件，进行数值模拟，生成建设工程项目管理知识系统涌现过程图，刻画系统内非线性因素对建设工程项目管理知识系统涌现的综合作用过程。并通过最大李雅谱诺夫指数验证系统涌现模型的准确性、科学性。再基于混沌控制模型，探索建设工程项目管理知识系统混沌控制措施。研究表明：建设工程项目管理知识系统涌现过程分为初级阶段、成长阶段、成熟与更新阶段等 3 个阶段。

（1）当建设工程项目管理知识系统涌现处于初级阶段时，由于组织结构简单、跨组织间关系信任度低、彼此间未能轻易分享关键异质性知识、主体新知识获取与吸收能力弱、知识管理技术资源投入不足等问题，导致建设工程项目管理知识传播数量少、速度慢，未能对建设工程项目管理知识系统涌现发挥足够的推动作用。

（2）当建设工程项目管理知识系统涌现处于成长阶段时，建设工程项目管理目标更加明确与具体，项目任务进一步细分，邀请更多的专业承包商参与，推进了知识主体规模的扩大。同时在工程需求驱动与项目任务导向下，知识主体间的互动更加频繁，主体间合作伙伴关系得到深化，异质性知识共享显著，提高该系统的知识创造能力，促进建设工程项目管理的知识溢出，从而增加建设工程项目管理知识系统中知识相对成果数。

（3）通过技术与知识共享，形成已有技术、知识的优势互补，推动建设工程项目管理知识创造与涌现。以业主方为主导、多主体参与的系统集成商总结参建项目管理中的经验与问题，更新自身知识结构，提升建设工程项目管理综合能力，形成了建设工程项目管理的知识溢出效益。并随着未来新项目的开发，基于不同建设工程需求驱动，各知识主体不断加入新的建设工程项目管理中，不断更新以业主方为主导、多主体参与的系统集成商建设工程项目管理知识系统，也存在不适应新工程需求问题。加上自身知识水平不够，而引发建设工程项目管理知识系统发生震荡，从而进入混沌状态，对建设工程项目管理知识创造与涌现起到负面作用。此时，需要进行混沌控制，构建混沌控制模型。通过加入调节参数知识创造率，如增加创新资源投入，提升创新主体学习积极性与创新能力，增强创新主体间合作伙伴关系，从而提高知识创造率。在一定程度上干预该系统混沌状态，达到延缓或消除系统混沌状态，有利于建设工程项目管理知识系统知识相对成果数的稳定增长。

第8章 研究结论与展望

本书以建设工程项目管理知识系统为研究对象，以系统涌现研究为目标，聚焦"建设工程项目管理知识系统与系统涌现现象是什么、该系统涌现过程中动力因素有哪些、动力因素如何作用于该系统、面向涌现过程中系统出现的混沌状态及如何控制"等关键科学问题。通过规范分析方法、实证研究与仿真分析方法、数理模型与数值模拟等方式，逐步揭示建设工程项目管理知识系统涌现规律。

8.1　主要研究结论

（1）基于理论分析与建设工程项目管理实践，构建建设工程项目管理知识系统架构与涌现概念模型。通过文献梳理和理论分析，扎根建设工程项目管理实践，依据工程知识论、复杂适应性系统理论、涌现理论等，明晰建设工程项目管理知识系统基本内涵，分析该系统的关键要素包括知识主体、知识本体及知识物质载体，明确该系统功能并建立建设工程项目管理知识系统架构。此外，在涌现理论的指导下，分析建设工程项目管理知识系统涌现现象，阐释系统涌现现象的表征、涌现条件与动因、路径与结果等内容。最后，构建建设工程项目管理知识系统涌现的概念模型。

（2）基于扎根理论，识别建设工程项目管理知识系统涌现的动力因素。基于文献研究与访谈调研，获取大量原始资料。并借助扎根理论，初步识别建设工程项目管理知识系统涌现的动力因素，包括组织、管理及环境三大因素。其中，组织因素包含组织结构、跨组织学习、组织间关系等因素；管理因素涵盖知识共享、知识创造、知识管理技术资源投入等方面；环境因素指宏观环境与工程需求。并挖掘建设工程项目管理的知识溢出效益等主要范畴。

再结合问卷调查，开展探索性因子分析，进一步分析并最终确定建设工程项目管理知识系统涌现的动力因素。

（3）基于结构方程模型，揭示建设工程项目管理知识系统涌现的影响机理。首先，依据建设工程项目管理知识系统架构与涌现过程的分析，以及建设工程项目管理知识系统涌现的关键影响因素的识别，构建建设工程项目管理知识系统涌现的影响机理框架模型。其次，借助于结构方程模型，分别从组织、管理及环境等维度，探索建设工程项目管理知识系统涌现的影响因素对知识系统绩效的影响机理。例如，①通过组织因素对知识系统绩效的影响机理研究，可知有机型组织结构为跨组织学习提供很强的自主性，组织间关系是跨组织学习的前提；跨组织学习对建设工程项目管理知识系统具有直接作用。②通过管理因素对知识系统绩效的影响机理研究，可知知识共享是建设工程项目管理知识系统的重要环节，知识创造是建设工程项目管理知识系统绩效提升的关键；知识管理技术资源投入是建设工程项目管理知识创造的物质保证，间接影响建设工程项目管理知识系统绩效提升。③通过环境因素对知识系统绩效的影响机理研究，可知工程难题、工程预期目标等工程需求对建设工程项目管理知识系统绩效的提升产生直接且显著的促进作用；技术市场竞争环境、知识产权法律环境等宏观环境则是通过作用于工程需求，抑制或促进建设工程项目管理知识系统绩效的提升。

（4）借助系统动力学方法，动态刻画各动力因素对建设工程项目管理知识系统涌现结果的知识溢出效益作用规律。首先，划定仿真系统边界，提出研究基本假设，绘制建设工程项目管理知识系统因果回路图及存量流量图。发现建设工程项目管理知识系统涌现路径由 4 个因果反馈回路组成，涉及 20 个关键变量。再基于该管理知识系统的因果关系，构建建设工程项目管理知识系统涌现动力学模型。并通过仿真结果，模拟建设工程项目管理知识系统涌现状态与系统变化趋势，探寻作用于建设工程项目管理知识系统的关键动力因素主要有组织结构、组织间关系、知识管理技术资源投入等，动态刻画动力因素对建设工程项目管理知识溢出效益的作用规律。

（5）基于数学模型与数值模拟，揭示建设工程项目管理知识系统涌现结果的混沌状态及控制。从业主方为主导的系统集成商视角，根植于建设工程项目管理实践，深入分析建设工程项目管理知识系统涌现过程的 3 个阶段。基于混沌理论，依托虫口模型，构建建设工程项目管理知识系统涌现模型。通过数学模型推导，深入揭示建设工程项目管理知识系统涌现过程 3 个阶段的生成逻辑。并借用 Matlab 软件，进行数值模拟，形成建设工程项目管理知识系统涌现过程图、最大李雅谱诺夫指数图、初值敏感依赖性图、混沌控制图。深入刻画系统内非线性因素对建设工程项目管理知识系统涌现的综合作用过程，探索建设工程项目管理知识系统涌现结果的混沌状态及控制。

8.2　创新点与管理启示

8.2.1　创新点

本书特色在于扎根建设工程项目管理实践情境，从系统集成商视角出发，探索建设工程项目管理知识系统涌现规律，且在整个研究过程中开展了创新性工作，形成以下主要创新点。

（1）实现了知识系统新场景的应用。建设工程项目管理知识系统是跨组织的知识系统。现有研究仅提出供应链、产学研、产业集群等不同场景中所形成的供应链知识系统、产学研知识系统、产业集群知识系统等，尚未有从建设工程项目管理场景中开展研究。本书探索性提出建设工程项目管理知识系统，立足于知识与系统内涵，根植于建设工程项目管理实践，剖析建设工程项目管理知识系统基本概念、关键要素及功能特点等，构建由知识主体、知识本体及知识物质载体等要素组成的、各要素相互作用联动的建设工程项目管理知识系统。开拓了知识系统研究的新场景，也深化了对建设工程项目管理知识系统的科学认识。

（2）探索了系统涌现结果分析的新思路。根据涌现理论，分析建设工程项目管理知识系统涌现现象，阐释建设工程项目管理知识系统涌现现象及表征，解析该系统涌现的条件、涌现动因、涌现过程及结果。发现建设工程项目管理知识系统涌现是具备已有涌现条件的系统在涌现动力因素的作用下，基于系统外界物质资源信息交换和系统内部各知识主体间交互作用，通过系统规模效应、结构效应及环境效应等路径涌现，形成系统迈入健康运行或混沌状态两类涌现结果。并针对两类涌现结果开展系统动力学研究与混沌分析，突破以往系统涌现单类结果的分析思路。

（3）创建了系统涌现研究的新方法。以建设工程项目管理知识系统涌现为研究主题，依托建设工程项目管理活动现实背景，基于扎根理论、系统动力学、混沌理论等，利用数学建模方式，揭示建设工程项目管理知识系统涌现规律，形成了一套系统涌现研究的新方法。如基于扎根理论，提炼建设工程项目管理知识系统涌现动力因素；借助系统动力学方法，分析关键动力因素主要有组织结构、组织间关系、知识管理技术资源投入等，动态刻画各动力因素对建设工程项目管理知识系统涌现结果的知识溢出效益作用规律；基于虫口数学模型与数值模拟，揭示建设工程项目管理知识系统混沌状态，并构建了混沌控制模型，对系统混沌进行控制。

8.2.2 管理启示

综合建设工程项目管理知识系统动力学研究与混沌分析结果，提出以下管理启示与建议。

（1）实行以业主方为主导的项目组织机构扁平化管理，成立知识系统管理小组。在建设工程项目管理知识系统涌现过程中，有机型项目组织或项目组织结构扁平化起到显著作用。一方面，有机型组织结构具有决策分散化、组织灵活性、开放交流等特点，促进人际交流，有助于成员信息、知识的流动，提升组织学习效率；另一方面，扁平式的组织结构会减少管理层次，加快信息传递速度，降低信息失真风险，促进知识的交流，使得员工能够及时准确获取自身所需知识。实行以业主方为主导的项目组织机构扁平化管理，重视流程设置和管理业务整合，合理设置管理流程，打造通畅的信息、知识流动渠道；减少分割，注重团队合作。将任务分配给团队，由团队成员自行安排、共同完成。从系统集成商视角，成立以业主方为主导、多知识主体参与的建设工程项目知识系统管理小组。知识系统管理者往往由技术专家、战略专家等组成，了解知识需求，具备全面管理知识资源的能力，能够确保知识库的有效运转，促进知识的创造、集成与共享。此外还能够组织内外部知识的交流与分享，通过集体智慧实现知识增值，产生知识溢出效益。

（2）培育组织间关系，鼓励、引导个体间知识共享与跨组织学习。组织虽是理性的，但研究结果发现，组织间关系在建设工程项目管理知识系统涌现中具有重要作用。以业主方为主导、多知识主体参与的系统集成商建设工程项目管理知识系统涌现也是建设工程项目参建组织间知识协同与创造的过程。以业主方为主导、多知识主体组织管理者应当对市场有明确的认知，把握机会，结合自身优势，通过多种渠道和多种方式，加强与各利益相关者建立联系，识别潜在合作者。通过建立长期战略合作关系，加强彼此之间的交流，共同实现知识协同和创新，不断提升自身的知识创造能力。同时，业主方应当发挥自身优势，为建立知识协同组织提供有力支持。

此外，知识共享是建设工程项目管理知识系统涌现过程中的关键环节。建设工程项目管理过程中的各参建单位除了鼓励其组织内部个体间的知识共享与创造外，还应提倡并积极引导跨组织间的个体知识交流，进而实现跨组织层面的知识传播、共享和创新。一方面，采用举办交流会、座谈会等形式的有效手段以鼓励组织内部成员主动分享自身经验、技能等知识，促使组织成员知识积累提升与知识结构的更新。进而推动组织知识总存量增加，以及组织知识创新创造能力提升；另一方面，建设工程项目管理中的各参建单位应借助合作关系，引导各单位成员进行跨组织交流，促进知识共享，也提升各成员的知识创造水平。同时，各参建单位应开放知识库，加强知识资源共享。促进创新个体从中获取知识，提升创新能力，从而创造知识并实现知识增值。

（3）注重知识管理技术资源投入，构建知识仓库与共享平台。以业主方为主导、多知识主体参与的系统集成商应注重知识管理技术资源投入。通过知识管理技术资源投入，加速知识利用与共享，使各参建企业及时获取外部异质性知识。并在企业内部有效传播，降低企业知识利用成本，提升企业知识创造能力。一方面，增加知识存储设备投入，构建知识仓库（knowledge warehouse）。可从知识仓库的功能及覆盖范围思考知识仓库搭建工作。一是建立内部知识库，以建设工程项目组织内部网络为基础，增加内部知识库管理软件，提供组织内部知识活动专属渠道，为项目组织借助知识优势提供扩充市场的机会；二是构建广域知识库。利用物联网、大数据等信息技术，增强项目组织与外界的知识交流，进而帮助项目组织获取和吸收外部有效知识，提升项目组织对知识掌握与运用的能力，提升项目管理水平。另一方面，建立知识共享平台，加强隐性知识的传播。企业员工可以通过共享平台进行知识的交流与分享，例如交流工作中的想法和经验，而这些想法和经验进行整理后纳入企业的知识库中，作为组织知识的积累。

8.3　研 究 局 限 及 展 望

8.3.1　研 究 局 限

借助实证研究、模拟仿真等方法，探索建设工程项目管理知识系统涌现规律。由于本书问题本身具有的复杂性，这对本书科学严谨研究范式提出挑战。尤其在调查样本获取与仿真模拟分析环节存在一定局限性。

（1）调查样本的局限。针对参与建设工程项目管理的相关从业个体实施问卷样本采集，样本范围仅限于国内，并未收集其他国家样本数据。这就使得本书的研究结论适用性有一定局限。

（2）仿真过程的局限。所构建建设工程项目管理知识系统涌现动力学模型，事实上，这一模型仿真运行流程并没有完全与建设工程项目管理知识流动路径保持一致。在该知识系统涌现模型中的知识创造效率要素这一因素的分析中仅考虑了外界环境的影响作用，并没有充分分析系统内部其他要素、各知识主体不同实力对知识创造效率的影响。

8.3.2　未 来 展 望

本书基于工程知识论、系统科学理论，试图探索建设工程项目管理知识系统涌现，取得一些创新性结论。但随着研究的深入，发现关于建设工程项目管理知识系统仍有很多问题值得未来深入研究。

（1）建设工程项目管理知识系统开发。本书基于复杂适应性系统理论，开展建设工程项目管理知识系统涌现研究，构建建设工程项目管理知识系统框架模型，探索建设工程项目管理知识系统涌现规律与混沌控制，尚未从计算机科学视角，开发建设工程项目管理知识系统软件。这是未来值得研究的方向。

（2）建设工程项目管理知识系统运行机制。本书仅探索建设工程项目管理知识系统架构与系统涌现现象，并未深入分析建设工程项目管理知识系统涌现后是如何运行的。其运行规律有待进一步探索。

附 录

建设工程项目管理知识系统涌现研究调查问卷

尊敬的先生/女士:

　　您好!

　　感谢您在学习、工作之余抽出宝贵时间阅读并帮忙填写此调查问卷。该问卷调查内容是一篇博士论文的重要组成部分,旨在探究建设工程项目管理知识系统涌现过程中组织、管理、环境与绩效间的作用关系,遂邀请您填写该问卷的相关量表;且本问卷无须署名,您填写的所有信息仅限于获取研究数据进行科学研究,不涉及其他目的,我们保证您所填的信息将完全保密。恳请您给予协助,请结合您所从事建设工程项目管理工程实践中的想法与体会,客观填写该问卷,谨此表示衷心感谢!

　　请您根据实际情况对下列问题进行相应选择,请凭直觉尽快回答。答案完全不同意、较不同意、不太确定、较同意、完全同意五个标准分别代表 1 分、2 分、3 分、4 分、5 分,每个人对问题均有不同看法,且每个人工程经历不同,故答案不存在对错之分。请只选择一个答案,对于从未思考过的问题,也尽可能做出选择,请勿遗漏。

　　敬祝:

　　身体健康! 工作顺利!

中南大学工程项目管理知识研究团队

第一部分: 个人基本信息

1. 性　　别: □男　　□女
2. 学　　历: □大专以下　　□大专　　　　□本科
　　　　　　　□硕士　　　□博士及以上

3. 工作年限：□5 年以下　　　□6 ~ 10 年　　　□11 ~ 15 年
　　　　　　　　□16 ~ 20 年　　　□20 年以上

4. 工作单位：□政府部门　　　□工程业主　　　□设计单位
　　　　　　　□施工单位　　　□监理单位　　　□材料设备供应商
　　　　　　　□咨询公司　　　□学校/科研机构　□其他：

5. 参与工程：□铁道工程　　　□公路工程　　　□房屋建筑工程
　　　　　　　□桥梁工程　　　□港口工程　　　□其他：

6. 工作岗位：□高管　　　　　□中层管理者　　　□基层管理者
　　　　　　　□技术人员　　　□一般员工

第二部分：测量量表

一、组织结构量表

序号	题项	完全 不同意	较不 同意	不太 确定	较同意	完全 同意
1	项目组织结构趋于扁平时，意味着建设工程项目纵向管理层级少					
2	面对建设工程项目管理，灵活授权机制，让项目管理决策权趋于分散化与全面化					
3	在建设工程项目管理过程中，提供丰富知识与多样化知识交流机会与知识学习路径					
4	面向建设工程项目管理，组织间信息、知识交流与学习渠道的多样化，促进跨部门协作效率提升，有助于知识交流、知识组合及创造等活动开展					
5	面向建设工程实施过程中所遇到工程技术问题，快速成立技术攻关跨组织临时机构，进行知识共享与创造，以实现工程技术创新与突破的目标					
6	面向建设工程项目管理过程，各参建单位均高度协同实现一致的工程目标					
7	在建设工程项目管理过程中，项目管理知识统一编码，有助于知识管理流程的标准化推行					

序号	题项	完全 不同意	较不 同意	不太 确定	较同意	完全 同意
8	面向建设工程项目管理，项目组织设计专业化的施工方案，制定建设工程知识管理规章、制度					

二、跨组织学习量表

序号	题项	完全 不同意	较不 同意	不太 确定	较同意	完全 同意
1	基于共同的工程目标，各参建主体间具有强烈的跨组织学习愿望					
2	以市场先进技术为导向，项目组织具有积极向外搜寻新知识的动力					
3	建筑供应链中的企业，向其上下游建筑供应链合作伙伴进行知识交流，促进知识转移					
4	参建单位以战略联盟的形式，与战略联盟伙伴进行知识共享，促进知识转移					
5	参建单位鼓励员工参加行业性的学术会议					
6	参建单位为获取外界的异质性知识投入资金支持					

三、组织间关系量表

序号	题项	完全 不同意	较不 同意	不太 确定	较同意	完全 同意
1	面向建设工程项目实施过程，两个参建主体间若存在以往合作经历，有助于促进各参建主体间互信					
2	面向建设工程项目实施过程，两个参建主体间若存在战略合作框架，从而导致参建主体间存在伙伴关系					
3	面向建设工程项目实施过程，两个参建主体间存在长期合作协议，且以联合体的形式，开展建设工程项目管理活动					

续表

序号	题项	完全 不同意	较不 同意	不太 确定	较同意	完全 同意
4	面向建设工程项目实施过程，两个参建主体间签订正式书面合同关系					
5	面向建设工程项目实施过程，两个参建主体间同时隶属于某个集团，均属于集团公司下的子公司，从而存在亲缘关系					
6	面向建设工程项目实施过程，两个参建主体间存在上下级关系，如集团公司与其子公司间的行政隶属关系					

四、知识共享量表

序号	题项	完全 不同意	较不 同意	不太 确定	较同意	完全 同意
1	面向建设工程项目实施过程，员工遇到工程问题，本人向该员工主动推荐相关期刊文献、专著等知识供其学习					
2	面向建设工程项目实施过程，员工遇到工程问题，本人向该员工主动推荐以往实用的工作文件等知识供其参考					
3	在建设工程项目实施过程中，本人与其他组织个体以线上形式，如电话，微信等开展知识交流与探讨					
4	在建设工程项目管理过程中，本人利用项目餐厅、走廊、宿舍等非办公区域向其他组织个体分享隐性知识，如工作经验等					
5	在建设工程项目管理过程中，本人基于正式交流场合进行知识分享活动，如参加工程问题技术攻关研讨会、分享工作经验					
6	在建设工程项目管理正式会议上，对项目建设管理问题，阐述个人观点、参与方案的讨论与确定					
7	在建设工程项目管理过程中，本人参加企业组织的培训和讲座					

五、知识创造量表

序号	题项	完全不同意	较不同意	不太确定	较同意	完全同意
1	面向建设工程项目前期决策，根据建设工程项目特点，依托业主及咨询单位现有知识积累，创造本项目前期决策知识，同时更新项目组织决策知识					
2	面向建设工程项目设计环节，根据业主需求与项目地址条件，依托设计院已有知识，以客户需求为导向，创新设计阶段的知识					
3	面向建设工程项目施工环节，以工程难题为驱动，开展技术攻关，更新施工阶段的知识					
4	在建设工程项目管理过程中，创新人才激励机制，引入先进人力资源管理模式					
5	在建设工程项目管理过程中，结合先进质量管理理念，更新质量管理知识					
6	在建设工程项目管理过程中，依托 BIM 等信息技术，更新进度管理方法					
7	在建设工程项目管理过程中，结合装配式建筑技术，更新建筑安装过程中的安全知识					
8	在建设工程项目管理过程中，依据建筑业高质量发展理念，更新项目环境保护知识					

六、知识管理技术资源投入量表

序号	题项	完全不同意	较不同意	不太确定	较同意	完全同意
1	本组织拥有并广泛应用项目管理信息技术，如建设工程项目管理系统、现场管理指挥调度系统等，以实现信息、知识的存储与积累					

续表

序号	题项	完全不同意	较不同意	不太确定	较同意	完全同意
2	本组织拥有并广泛应用建设项目管理知识库、数据库					
3	本组织建立建设工程项目管理密切相关的网站或网页信息库					
4	本组织借助新技术，与其他参建组织实现信息、知识等资源的交互与共享					

七、宏观环境量表

序号	题项	完全不同意	较不同意	不太确定	较同意	完全同意
1	智能建设装备促进项目管理知识更新					
2	人工智能技术、物联网技术、VR 技术引发建筑企业知识学习与创造					
3	BIM 技术、门禁系统、智能安全监控系统等技术让工程现场管理更加智慧化，促进参建单位知识更新					
4	在工程技术攻关过程中，知识产权法律环境让各组织更加放心分享核心技术					
5	在工程技术攻关过程中，知识产权法律环境让异质性知识流动更加顺畅，结合本企业已有知识，进行技术创新，形成具有自主知识产权的技术产品					

八、工程需求量表

序号	题项	完全不同意	较不同意	不太确定	较同意	完全同意
1	面对建设工程复杂的结构设计，对已有施工设备与工艺等条件提出新的挑战					
2	面对繁杂严峻的建设工程地质条件，现有设计勘探技术尚未能解决，亟须技术与知识创新					

序号	题项	完全不同意	较不同意	不太确定	较同意	完全同意
3	面对建设工程施工过程，依旧存在诸多建设工程技术难题					
4	建设工程项目初期，制定技术创新、知识创造等新目标，以确保整个建设工程项目顺利实施					
5	通过技术创新与知识创新，实现项目工期、成本、质量、安全等目标					

九、知识溢出效益量表

序号	题项	完全不同意	较不同意	不太确定	较同意	完全同意
1	本人参与建设工程项目管理过程中，学习到的新知识、新技术比较满意					
2	本人参与建设工程项目管理过程中，获得的经验和能力的提升比较满意					
3	本人拥有的技术和能力在建设工程项目管理过程中得到比较充分的应用					
4	项目开发周期达到了业主单位要求					
5	项目性能和质量达到或超过了业主单位预期					
6	项目整体利润达到或超过本企业预期					
7	企业参与建设工程项目管理过程中，获得的技术专利的数量和质量比较满意					
8	项目顺利完成提高企业的竞争力和市场份额					
9	项目顺利完成提升企业创新能力和知识管理水平					

参 考 文 献

[1] 保罗·S. 麦耶斯. 知识管理与组织设计 [M]. 广东：珠海出版社，1998：112 - 156.

[2] 彼得·德鲁克. 面向新型的组织 [M]. 北京：中国人民大学出版社，2006.

[3] 蔡霖，任锦鸾. 媒体智能化内涵与测度指标体系——基于扎根理论的探索性研究 [J]. 河南大学学报（社会科学版），2021，61（02）：45 - 51.

[4] 蔡伟. 基于企业组织能力系统涌现的组织流程群协调模型研究 [D]. 昆明：昆明理工大学，2011.

[5] 查尔斯·德普雷，丹尼尔·肖维尔. 知识管理的现在与未来 [M]. 刘庆林译. 北京：人民邮电出版社，2004.

[6] 车春鹂. 大型建设项目知识管理研究 [D]. 武汉：武汉理工大学，2006.

[7] 陈洪澜. 论知识分类的十大方式 [J]. 科学学研究，2007（01）：30 - 35.

[8] 陈建军，王正沛，李国鑫. 中国宇航企业组织结构与创新绩效：动态能力和创新氛围的中介效应 [J]. 中国软科学，2018，335（11）：127 - 135.

[9] 陈晶璞. 基于复杂适应系统理论的企业财务能力系统演进研究 [D]. 秦皇岛：燕山大学，2010.

[10] 陈智高，郭文婷. 企业知识的载体、交汇与转载 [J]. 信息系统学报，2009，3（01）：25 - 33.

[11] 仇一颗. 复杂工程环境下施工工法创新机理研究 [D]. 长沙：湖南大学，2013.

[12] 崔海斌，邓志渊，萧耀友等. 基于知识管理技术的装备保障平台设计与应用 [J]. 军民两用技术与产品，2020（11）：40 - 44.

[13] 邓波，贺凯. 试论科学知识、技术知识与工程知识 [J]. 自然辩

证法研究，2007（10）：41 – 46.

[14] 邓波，罗丽. 工程知识的科学技术维度与人文社会维度 [J]. 自然辩证法通讯，2009，31（04）：35 – 42，111.

[15] 董歆刚，计大威. 基于 Hadoop 技术框架的组织知识管理系统设计与实现 [J]. 自动化技术与应用，2021，40（02）：51 – 54.

[16] 杜澄，李伯聪. 工程研究——跨学科视野中的工程（第 2 卷）[M]. 北京：北京理工大学出版社，2006：30.

[17] 丰静，王孟钧，李建光. 重大建设工程技术创新协同治理框架——以港珠澳大桥岛隧工程为例 [J]. 中国科技论坛，2020（01）：41 – 49.

[18] 冯长利，张明月，刘洪涛，等. 供应链知识共享与企业绩效关系研究——供应链敏捷性的中介作用和环境动态性的调节作用 [J]. 管理评论，2015，27（11）：181 – 191.

[19] 付金龙，张庆普. 供应链中知识转移模式研究 [J]. 科技管理研究，2011（08）：129 – 131.

[20] 葛红岩. 制造业企业文化驱动技术创新的路径研究——基于长三角地区制造业企业的实证 [J]. 财经研究，2010，36（07）：92 – 103.

[21] 龚小庆. 经济系统涌现和演化——复杂性科学的观点 [J]. 财经论丛，2007，6（02）：70 – 77.

[22] 顾琴轩，喻佳. 创造力由个体到团队的涌现机理研究：基于社会信息处理理论 [J]. 人力资源管理评论，2013（02）：29 – 38.

[23] 郭峰，袁瑞佳，钱应苗. 重大建设项目知识共享行为激励模型及仿真研究 [J]. 铁道科学与工程学报，2019，16（04）：1105 – 1112.

[24] 郭睦庚. 知识的分类及其管理 [J]. 决策杂志，2001，14（02）：14.

[25] 郭庆，姜波. 工程建设标准标志的知识产权保护 [J]. 工程建设标准，2015（01）：68 – 71.

[26] 郭韬. 基于复杂性理论的企业组织创新研究 [D]. 哈尔滨：哈尔滨工程大学，2008.

[27] 郭韬. 企业系统组织创新的涌现机理研究 [J]. 科技进步与对策，2007，24（12）：169 – 171.

[28] Holland, J. H. 隐秩序——适应性造就复杂性 [M]. 上海：上海科技教育出版社，2000.

[29] H. 哈肯. 高等协同论［M］. 郭治安译. 北京：科学出版社，1989.

[30] 韩毅. 新的军事形态是适应系统整体涌现的过程［J］. 海军工程大学学报（综合版），2011，8（01）：58 –61.

[31] 何继善，陈晓红，洪开荣. 论工程管理［J］. 中国工程科学，2005，7（10）：5 –10.

[32] 何继善. 工程管理论［M］. 北京：中国建筑工业出版社，2017.

[33] 何铮，顾新. 区域创新体系中组织之间知识合作伙伴选择研究［J］. 情报杂志，2012（10）：131 –135.

[34] 胡绪华，蒋苏月，吕魁. 集群知识传播系统中受体企业知识整合的时机选择研究——基于实物期权理论的分析［J］. 西安电子科技大学学报（社会科学版），2015，25（06）：1 –13.

[35] 姜璐. 钱学森论系统科学［M］. 北京：科学出版社，2011.

[36] 蒋日富，霍国庆，郭传杰. 现代知识管理流派研究［J］. 管理评论，2006（10）：23 –29，53，63.

[37] 焦李成. 神经网络系统理论［M］. 西安：西安电子科技大学出版社，1990.

[38] 金星爱. CJ 软件公司知识管理工作改进研究［D］. 吉林：吉林大学，2018.

[39] 靳娴. 基于 CAS 理论的企业组织能力系统涌现机理研究［D］. 昆明：昆明理工大学，2011.

[40] 卡尔·波普尔. 通过知识获得解放［M］. 范景中等译. 杭州：中国美术学院出版社，1996.

[41] 李柏洲，齐鑫，徐广玉. 开放式创新、知识创造和企业创新绩效关系［J］. 哈尔滨工程大学学报，2016，37（12）：1748 –1755.

[42] 李伯聪，成素梅. 工程哲学的兴起及当前进展——李伯聪教授学术访谈录［J］. 哲学分析，2011，2（04）：146 –162.

[43] 李春娟. 突发事件应急管理知识系统涌现研究［D］. 秦皇岛：燕山大学，2015.

[44] 李国恩. UT 制造公司隐性知识共享机制研究［D］. 广州：华南理工大学，2013.

[45] 李海波，刘则渊，丁堃. 基于复杂适应系统理论的组织知识系统主体研究［J］. 科技管理研究，2006，26（07）：199 –202.

［46］李家鸽．基于知识观的企业理论［D］．上海：复旦大学，2005.

［47］李京文．迎接知识经济新时代［M］．上海：上海远东出版社，1999.

［48］李蕾．建设项目知识管理的理论研究与实证分析［D］．武汉：武汉理工大学，2007.

［49］李自杰，李毅，郑艺．信任对知识获取的影响机制［J］．管理世界，2010，29（05）：785－792.

［50］林琨，彭灿．供应链知识共享与供应链能力的关系研究［J］．情报理论与实践，2010，33（05）：30－34.

［51］刘洪．涌现与组织管理［J］．研究与发展管理，2002（08）：40－45.

［52］刘静．知识共享对企业绩效的影响及其实证研究［D］．长沙：湖南大学，2008.

［53］刘秋岭，梁高飞．企业知识系统耗散结构的形成及演化［J］．科学管理研究，2006，24（04）：70－73.

［54］刘顺忠．对创新系统中知识密集型服务业的研究［J］．科学学与科学技术管理，2005（03）：61－65.

［55］刘闲月，孙锐，林峰．知识系统创新对产业集群升级的影响研究［J］．宏观经济研究，2012（01）：54－60.

［56］刘亚静，徐平，陈帆．建筑技术创新网络的特征研究——以京沪高铁阳澄湖桥段为例［J］．科技和产业，2015（11）：121－127.

［57］刘媛华，严广乐．企业集群创新系统的涌现机理研究［J］．企业经济，2011（01）：12－14.

［58］刘云平，李渝，陈城等．基于李雅谱诺夫指数的非完整约束系统稳定性［J］．华中科技大学学报（自然科学版），2016，44（12）：98－101，126.

［59］刘曾荣，李挺．复杂系统理论剖析［J］．自然杂志，2004（03）：149－151.

［60］卢恒，张向先，吴雅威等．基于扎根理论的学术APP用户信息交互行为影响因素研究［J］．情报杂志，2021，40（04）：170－178.

［61］卢亚丽．基于混沌与博弈理论的供应链系统协调研究［D］．西安：西安理工大学，2009.

［62］陆小成．生产性服务业与制造业融合的知识链模型研究［J］．情

报杂志，2009，28（02）：117 – 120，124.

[63] 马关生，刘越. 新的管理理念：智慧管理 [J]. 科技进步与对策，2013（04）：1 – 7.

[64] 马庆国. 管理统计：数据获取统计原理 SPSS 工具与应用研究 [M]. 北京：北京科学出版社，2002.

[65] M. 波兰尼. 个人知识 [M]. 许泽民译. 贵阳：贵州人民出版社，2000.

[66] 米捷，林润辉，谢宗晓. 考虑组织学习的组织惯例变化研究 [J]. 管理科学，2016，29（02）：2 – 17.

[67] 苗东升. 系统科学精要 [M]. 北京：中国人民大学出版社，2006.

[68] 牛秀红，刘海滨，周佳宁. 西部典型城市创新效率测算及影响因素路径分析 [J]. 中国科技论坛，2019（04）：111 – 123.

[69] 欧内斯特·内格尔. 科学的结构——科学说明的逻辑问题 [M]. 上海：上海译文出版社，2002.

[70] 欧阳聪权. 钱学森工程哲学思想初探 [J]. 自然辩证法研究，2012，28（11）：48 – 53.

[71] 潘美娟. 基于社会网络分析的产学研协同创新体系研究 [D]. 北京：北京邮电大学，2016.

[72] 潘旭明. 跨组织学习与知识转移机制研究 [J]. 经济评论，2007，148（06）：88 – 92.

[73] 潘旭伟，顾新建，仇元福等. 面向知识管理的知识建模技术 [J]. 计算机集成制造系统-CIMS，2003（07）：517 – 521.

[74] 漆永乐. 组织、空间情境与科研合作网络关系研究 [D]. 杭州：浙江理工大学，2015.

[75] 钱绍青，武忠. 交互式学习、知识创造与企业创新绩效关系实证研究 [J]. 科技进步与对策，2013，30（04）：68 – 72.

[76] 钱学森. 工程控制论 [M]. 戴汝为，何善填译. 上海：上海交通大学出版社，2011.

[77] 邱均平，段宇锋，岳亚. 论知识管理与信息管理 [J]. 中国图书馆学报，1999（06）：12 – 18.

[78] 全国二级建造师执业资格考试用书编写委员会. 建设工程法规及相关知识 [M]. 北京：中国建筑工业出版社，2012：3.

［79］阮菊红．知识管理及其应用研究［D］．成都：成都理工大学，2007．

［80］商燕劼，庞庆华．供应链企业间战略共识如何影响技术创新绩效——知识共享与供应链协同的作用［J/OL］．科技进步与对策，1 – 10［2021 – 05 – 19］．http：//kns. cnki. net/kcms/detail/42. 1224. G3. 20210203. 1505. 008. html.

［81］沈惠敏，柯青．知识管理技术与协同技术的融合［J］．科技进步与对策，2013，30（01）：136 – 139．

［82］生帆，葛宝山．TMT 网络特征、知识创造与双元创新关系研究［J］．南方经济，2017（08）：122 – 140．

［83］盛小平．国内知识管理研究综述［J］．中国图书馆学报，2002（03）：59 – 63．

［84］盛昭瀚，薛小龙，安实．构建中国特色重大工程管理理论体系与话语体系［J］．管理世界，2019，35（04）：2 – 16，51，195．

［85］寿涌毅，汪洁，孙宇等．企业网络知识系统仿真研究综述［J］．系统仿真学报，2009（21）：5318 – 5322．

［86］寿涌毅，汪洁．企业网络知识系统仿真研究综述［J］．系统仿真学报，2009，21（17）：5318 – 5322．

［87］司云波，金生．基于进化生物学启示的企业知识系统演化机制研究［J］．科技管理研究，2009（07）：280 – 294．

［88］宋昱雯，张云辉，高长元．虚拟产业集群知识系统的自组织特性分析［J］．商业研究，2007（02）：10 – 13．

［89］苏鑫．区域创新网络中产业关键共性技术创新涌现机理研究［D］．哈尔滨：哈尔滨工程大学，2019．

［90］孙锐，赵坤．知识型企业知识状态系统演变的知识治理模式［J］．理论探讨，2008，25（02）：74 – 78．

［91］孙晓宁，赵宇翔，朱庆华．知识管理研究的现状与趋势：第 7 届 KMO 国际会议论文述评［J］．情报资料工作，2014（05）：5 – 13．

［92］孙永福，郭峰，牛丰．铁路工程知识论研究［J］．工程研究——跨学科视野中的工程，2019，11（05）：482 – 499．

［93］孙永福，王孟钧，陈辉华等．青藏铁路工程方法研究［J］．工程研究——跨学科视野中的工程，2016，8（05）：491 – 501．

［94］孙永福．落实科学发展观，创新技术与管理，建设世界一流高原铁路［J］．资源环境与发展，2006（03）：3－11．

［95］田一明，陈雪波，孙秋柏．行为安全管理系统中员工不安全行为涌现性抑制的研究［J］．安全与环境学报，2016，16（02）：174－178．

［96］VENSIM V5.9（系统动力学软件）［DB/OL］．http：//www.sciencesoftware.com.cn/search/search_soft_detail12.asp？id＝131．

［97］W.C.丹皮尔．科学史及其哲学和宗教的关系［M］．桂林：广西师范大学出版社，2001．

［98］汪应洛．工程管理概论［M］．西安：西安交通大学出版社，2013：5－6．

［99］王海花，谢富纪．企业外部知识网络能力的影响因素——基于扎根方法的探索性研究［J］．系统管理学报，2015，24（01）：130－137，152．

［100］王林林．复杂产品系统研发组织知识系统模型研究［J］．科技进步与对策，2011，28（15）：136－140．

［101］王楠，李伯聪．论工程知识演化的形式、动力和机制［J］．工程研究——跨学科视野中的工程，2019，11（05）：429－437．

［102］王其藩．高级系统动力学［M］．北京：清华大学出版社，1995．

［103］王其藩．系统动力学理论与方法的新进展［J］．系统工程理论方法应用，1995（04）：28－32．

［104］王琦．基于SNA的工业化建造技术协同创新关系研究［D］．哈尔滨：哈尔滨工业大学，2014．

［105］王珊珊．装备制造企业技术知识系统构建路径研究［D］．大连：大连理工大学，2011．

［106］王文昌．试论知识论变革与工程知识论研究的兴起［D］．西安：西安建筑科技大学，2020．

［107］王玉涵，王爱云．供应链合作伙伴关系问题的探析［J］．物流工程与管理，2011，33（10）：99－101．

［108］王众托．复杂适应性系统引论［M］．北京：北京电子工业出版社，1991．

［109］王众托．知识系统工程：知识管理的新学科［J］．大连理工大学学报，2000，40（A01）：115－122．

［110］王众托.知识系统工程：知识管理的新学科［J］.大连理工大学学报，2000（S1）：115－122.

［111］王众托.知识系统管理［J］.大连：大连理工大学学报，1999，39（02）：336－342.

［112］王重鸣.心理学研究方法［M］.北京：人民教育出版社，1990.

［113］魏峰.钱学森工程哲学思想研究［J］.赤峰学院学报（汉文哲学社会科学版），2016，37（04）：51－53.

［114］魏江.基于知识的核心能力载体和特征［J］.科研管理，1999（02）：56－61.

［115］文森蒂.工程师知道什么以及他们是怎样知道的——航空历史的分析研究［M］.杭州：浙江大学出版社，2015.

［116］乌家培.信息、知识及相关［J］.上海综合经济，1998（12）：3.

［117］乌家培.正确认识信息与知识及其相关问题的关系［J］.党政干部学刊，1999（03）：16－19.

［118］吴冰，刘仲英.供应链协同的知识创造模式研究［J］.情报杂志，2007，26（10）：2－4.

［119］吴翠花，张永云，张雁敏.组织控制、知识创造与技术创新关系研究［J］.科研管理，2015，36（12）：29－38.

［120］吴想，杨洪涛.产学研合作创新知识转移影响因素分析与对策研究［J］.科技管理研究，2009，29（09）.

［121］夏超尘.PPP项目利益相关者组织间关系研究［D］.重庆：重庆大学，2014.

［122］徐国东，郭鹏，于明洁.产学研合作中的网络能力对知识转移影响的实证研究［J］.情报杂志，2011（07）：99－103.

［123］闫华锋，仲伟俊.复杂产品系统集成商技术创新的影响要素与系统模型［J］.中国科技论坛，2016（09）：45－50，57.

［124］颜泽贤，范冬萍，张华夏.系统科学导论——复杂性探索［M］.北京：人民出版社，2006：58－61.

［125］杨佩昌.德国制造：为实际需求而创新［J］.企业管理，2017（05）：33.

［126］伊·普利高津，伊·斯唐热.从混沌到有序：人与自然的新对话［M］.曾庆宏，沈小峰译.上海：上海译文出版社，1987.

[127] 殷瑞钰，傅志寰，李伯聪．工程知识论：工程哲学研究的新边疆——工程知识论研究之二 [J]．自然辩证法研究，2019，35（08）：42-49．

[128] 殷瑞钰．工程知识论 [M]．北京：高等教育出版社，2020：8．

[129] 于淼，马军海．双渠道回收闭环供应链演化博弈复杂性与控制 [J]．复杂系统与复杂性科学，2017，14（02）：65-74，81．

[130] 于子明．管理心理学词典 [M]．北京：解放军出版社，1990．

[131] 余子开．以工作流为驱动的模具企业生产过程知识管理技术研究 [D]．大连：大连理工大学，2012．

[132] 袁野．群体系统集群行为的涌现研究 [D]．鞍山：辽宁科技大学，2018．

[133] 约翰·H.霍兰．隐秩序：适应性造就复杂性 [M]．周晓牧，韩晖译．上海：上海科技教育出版社，2000．

[134] 曾玉成．企业项目管理知识体系刍议 [J]．四川大学学报（哲学社会科学版），2013（05）：112-118．

[135] 湛垦华，沈小峰．普利高津和耗散结构理论 [M]．西安：陕西科学技术出版社，1982．

[136] 张东艳，龙子泉，苏立彬．基于时空纬度的工程知识管理体系框架的构建 [J]．工程项目管理学报，2015，29（06）：22-26．

[137] 张光磊，刘善仕，彭娟．组织结构、知识吸收能力与研发团队创新绩效：一个跨层次的检验 [J]．研究与发展管理，2012，24（02）：19-27．

[138] 张华夏，张志林．技术解释研究 [M]．北京：科学出版社，2005：129-139．

[139] 张力，聂鸣．促成衍生公司产生的因素：产学合作视角 [J]．科研管理，2009（03）：146-153．

[140] 张鹏．供应链企业间知识协同及其与供应链绩效关系研究 [D]．吉林：吉林大学，2016．

[141] 张勤，马费成．国外知识管理研究范式——以共词分析为方法 [J]．管理科学学报，2007（06）：65-75．

[142] 张守一，葛新权．知识经济学原理 [M]．北京：经济科学出版社，2010．

[143] 张四平．复杂系统中资源配置的集体行为涌现及鲁棒性分析 [D]．兰州：兰州大学，2019．

［144］张秀萍，芦凤军．产学研合作联盟知识转移机制因素分析研究［J］．黑龙江教育：高教研究与评估，2011（02）：18－21．

［145］张镇森．建设工程创新关键动力因素与作用机理研究［D］．长沙：中南大学，2014．

［146］赵坤，孙锐．知识型企业知识状态系统的自组织和他组织［J］．科学学研究，2007，25（02）：319－323．

［147］郑兵．知识管理在工程项目管理中的应用研究［D］．上海：华东理工大学，2013．

［148］郑黎星．知识经济条件下的无形资产价值管理研究——基于一个拓展的理论模型［D］．厦门：厦门大学，2012．

［149］中国（双法）项目管理研究委员会．中国项目管理知识体系C-PMBOK2006修订版［M］．北京：电子工业出版社，2008．

［150］《中国工程项目管理知识体系》编委会．中国工程项目管理知识体系［M］．北京：中国建筑工业出版社，2003：12．

［151］中国建筑业协会工程项目管理委员会．中国工程项目管理知识体系［M］．北京：中国建筑工业出版社，2011．

［152］周川云，孙启贵．中国高铁技术创新网络的发展实践及其启示［J］．科技和产业，2017，17（10）：34－39．

［153］邹恩，李祥飞，陈建国．混沌控制及其优化应用［M］．长沙：国防科技大学出版社，2002．

［154］左美云．国内外企业知识管理研究综述［J］．科学决策，2000（03）：31－37．

［155］A. A. ，Harms et al. ，Engineering in Time［M］．London：Imperial College Press，2004．

［156］Adenfelt,M. ，Lagerstroem，K. Enabling Knowledge Creation and Sharing in Transnational Projects［J］．International Journal of Project Management，2006，24（03）：191－198．

［157］Appleyard,M. M. ，How Does Knowledge Flow? Interfirm Patterns in the Semiconductor Industry［J］．Strategic Management Journal，1996（17）：137－154．

［158］Argote,L. ，McEvily，B. ，Reagans R. Managing Knowledge in Organizations：An Integrative Framework and Review of Emerging Themes［J］．

Management Science, 2003, 49 (04): 71 – 82.

[159] Aschkenazi, J. Israeli Expatriate Managers: An Empirical Study on Knowledge Transfer and Retention [D]. America: Capella University, 2006.

[160] Bertalanffy, L. , Yon. General System Theory: Foundations, Development and Applications [M]. New York: George Braziller Inc, 1973: 54 – 55.

[161] Cannicea, M. V. , Chen, R. , Daniels, J. D. Managing International Technology Transfer Risk: A Case Analysis of US High-technology Firms in Asialj [J]. Technology Management Research, 2003, 14 (02): 171 – 187.

[162] Capo'-Vicedo, J. , Mula, J. , Capo, J. A. Social Network-based Organizational Model for Improving Knowledge Management in Supply Chains [J]. Supply Chain Management An International Journal, 2011, 16 (04): 284 – 293.

[163] Chen, C. , Huang, J. How Organizational Climate and Structure Affect Knowledge Management: The Social Interaction Perspective [J]. International Journal of Information Management, 2007 (27): 104 – 118.

[164] Chuni, Wu. Knowledge Creation in a Supply Chain [J]. Supply Chain Management: An International Journal, 2008, 13 (03): 241 – 250.

[165] Cross, R. , Baird, L. Technology is Not Enough: Improving Performance by Building Organizational Memory [J]. Solan Management Review, 2000, 41 (03): 69 – 78.

[166] Deng, C. , Wang, L. , Rong, Z. , et al. Cooperation Emergence in Group Population with Unequal Competitions [J]. EPL (Europhysics Letters), 2020, 131 (2): 28001.

[167] Dikmen, I. , Birgonul, M. T. , Artuk, S. U. Integrated Framework to Investigate Value Innovations [J]. Journal of Management in Engineering, 2005, 21 (02): 81 – 90.

[168] Dyer, J. H. , Nobeoka, K. Creating and Managing a High-Performance Knowledge-Sharing Network: The Toyota Case [J]. Strategic Management Journal, 2000 (01): 345 – 367.

[169] Forrester, J. W. Industrial Dynamics [M]. Cambridge. Mass. : The MIT Press, 1961.

[170] Ghani, K. A. , Jayabalan, V. , Sugumar, M. Impact of Advanced Manufacturing Technology on Organizational Structure [J]. Journal of High Tech-

nology Management Research, 2002, 13 (02): 157 – 175.

[171] Gloet, M., Berrell, M. The Dual Paradigm Nature of Knowledge Management: Implications for Achieving Quality Outcomes in Human Resource Management [J]. Journal of Knowledge Management, 2003, 7 (01): 78 – 89.

[172] Greve, H. R., Interorganizational Learning and Heterogeneous Social Structure [J]. Organization Studies, 2005 (26): 1025 – 1047.

[173] G. W. , Kim, Y. G., Breaking the Myths of Rewards: An Exploratory Study of Attitudes About Knowledge Sharing [J]. Information Resources Management Journal, 2002 (15): 14 – 21.

[174] Halley, A., Nollet, J., Beaulieu M., et al. The Impact of the Supply Chain on Core Competencies and Knowledge Management: Directions for Future Research [J]. International Journal of Technology Management, 2010, 49 (04): 297.

[175] Hang-Hyun, J., Pan, R. K., Kimmo, K., et al. Emergence of Bursts and Communities in Evolving Weighted Networks [J]. PLoS ONE, 2011, 6 (08): 1 – 10.

[176] Harati, S., Perez, L., Molowny-Horas, R. Promoting the Emergence of Behavior Norms in a Principal-Agent Problem—An Agent-based Modeling Approach Using Reinforcement Learning. Applied Sciences, 2021, 11 (18), 8368.

[177] Hazlett, S-A., McAdam, R., Gallagher, S. Theory Building in Knowledge Management: In Search of Paradigms [J]. Journal of Management Inquiry, 2005, 14 (01): 31 – 42.

[178] Hiral Shah. A Guide to the Engineering Management Body of Knowledge [M]. Rolla: The American Society for Engineering Management, 2012: 3.

[179] Hopfield, J. J. Neural Networks and Physical Systems with Emergent Collectine Computertational Abilities [M]. USA: Broc. Nall. Acad. Sci. , 1982, 79: 2554 – 2558.

[180] Huang, J. J. The Evolutionary Perspective of Knowledge Creation—A Mathematical Representation [J]. Knowledge-Based Systems, 2009, 22 (06): 430 – 438.

[181] Huber, G. P. Perspectives on Organizational Memory [C]. Paper Presented at the 31st Annual Hawaii Hnternational Conference on System Sciences,

1998.

[182] Ikujiro Nonaka,Takeuchi, H. The Knowledge-Creating Company: How Japanese Companies Create the Dynamics of Innovation [M]. New York: Oxford University Press, 1995: 10 – 15.

[183] Jacqueline,S. Tacit Knowledge and Models of Innovation [J]. Industrial and Corporate Change, 1995 (02): 425 – 447.

[184] Jacques Ellul. The Technological Society [M]. New York: Alfred Alknopf, 1964.

[185] John,M. Staudenmaier. Technology Storytellers: Reweaving the Human Fabric [M]. Cambridge Mass. : MIT Press, 1985.

[186] Kessler,E. H. , Chakrabarti, A. K. , Innovation Speed: A Conceptual Model of Context, Antecedents, and Outcomes [J]. Academy of Management Review, 1996 (21): 1143 – 1191.

[187] Kurul,E. , Influences of Social Capital on Knowledge Creation: An Exploration in the UK Built Environment Sector [J]. Architectural Engineering and Design Management, 2013, 11 (02): 83 – 104.

[188] Lawrence,P. R. , Lorschj. Differentiation and Integration in Complex Organizations [J]. Administrative Science Quarterly, 1967, 12 (01): 1 – 47.

[189] Layton,E. Technology as Knowledge [J]. Technology and Culture, 1974, 15 (1): 31 – 41.

[190] Layton,E. Through the Looking Glass or News from Lake Mirror Image [J]. Technology and Culture, 1987, 29 (10): 594 – 607.

[191] Liao, C. , Chuang, S. H. , To, P. L. , How Knowledge Management. Mediates the Relationship between Environment and Organization Culture [J]. Journal of Business Research, 2011, 64 (07): 728 – 736.

[192] Liebowitz, J. Knowledge Retention: Strategies and Solutions [M]. City: Auerbach Publications, 2008.

[193] Lopez,G. , Eldridge, S. A. Working Prototype to Promote the Creation and Control of Knowledge in Supply Chains [J]. International Journal of Networking and Virtual Organisations, 2010, 7 (2 – 3): 150 – 162.

[194] Love,P. E. , Fong, P. S-W. , Irani Z. Management of Knowledge in Project Environments [M]. City: Routledge, 2005.

［195］ Mahmoudsalehi,M. , Moradkhannejad, R. , Safari, K. How Knowledge M-anagement is Affected by Organizational Structure ［J］. The Learning Organization, 2012.

［196］ Manuj,I. , Omar, A. , Pohlen, T. L. Inter-organizational Learning in Supply Chains: A Focus on Logistics Service Providers and Their Customers ［J］. Journal of Business Logistics, 2014, 35 (2): 103 – 120.

［197］ Meehan, M. C. General System Theory: Foundations, Development, Applications ［J］. JAMA, 1969, 208 (5): 870.

［198］ Mike Hobday,Howard Rush, Joe Tidd. Innovation in Complex Products and System ［J］. Research Policy, 2000, 29 (07): 793 – 804.

［199］ Mohr, J. , Spekman, R. , Characteristics of Partnership Success: Partnerships Attributes, Communication Behavior, and Conflict Techniques ［J］. Strategic Management Journal, 1994 (15): 135 – 152.

［200］ Moorman,C, Miner, A. S. The Impact of Organizational Memory on New Product Performance and Creativity ［J］. Journal of Marketing Research, 1997, 34 (01): 91 – 106.

［201］ Ott, E. , Grebogi, C. , York, J. A. Controlling Chaos ［J］. Phys. Rev. Lett. , 1990, 64: 1196 – 1199.

［202］ Ozorhon,B. Analysis of Construction Innovation Process at Project Level ［J］. Journal of Management in Engineering, 2012.

［203］ Park,M. , Lee, K. W. , Lee, H. S. , et al. Ontology-based Construction Knowledge Retrieval System ［J］. Ksce Journal of Civil Engineering, 2013, 17 (07): 1654 – 1663.

［204］ Pecora, L. M. , Carroll, T. L. Synchronization in Chaotic Systems ［J］. Phys. Rev. Lett. , 1990, 64 (08): 821 – 824.

［205］ Peter Drucker. The Post-Capitalism ［M］. New York: Harper & Row Publisher, 1993: 5 – 10.

［206］ Raimo Nurmi. Knowledge-intensive Firms ［J］. Business Horizons, 1998 (06): 26 – 32.

［207］ Ralph,S. , Brower. Forms of Inter-organizational Learning in Emergency Management Networks ［J］. Journal of Homeland Security and Emergency Management, 2009, 6 (1).

[208] Rod Draheim et al. , System Thinking. http: //netnet. net/ ~ gusn/ system. Html, 1998.

[209] Saban, K. , Lanasa, J. , Lackman, C. , Peace, G. Organizational Learning: A Critical Component to New Product Development [J]. The Journal of Product and Brand Management, 2000, 9 (02): 99 – 119.

[210] Samuel, K. E. , Goury, M. L. , Gunasekaran, A. , et al. Knowledge Management in Supply Chain: An Empirical Study from France [J]. Journal of Strategic Information Systems, 2011, 20 (03): 283 – 306.

[211] Senker, J. , Tacit knowledge and models of innovation [J]. Ind. Corp. Chang, 2015, 4 (02): 425 – 447.

[212] Shafritz, J. M. , Ott, J. S. Classics of Organization Theory [M]. MA: Wadsworth Publishing, 1961.

[213] Shan, L. , Dan, L. , Qiu, Y. M. , Study of the Impact Mechanism of Inter-organizational Learning on Alliance Performance-with Relationship Capital as the Mediator [J]. Neural Computing and Applications, 2018.

[214] Simon, H. A. The Architecture of Complexity [M]. Boston: Facets of Systems Science Springer, 1962: 457 – 476.

[215] Subramaniam, M. , Youndt, M. A. , The Influence of Intellectual Capital on the Types of Innovative Capabilities [J]. Academic Management Journal, 2015, 48 (03): 450 – 463.

[216] Vincenti, W. G. The Scope for Social Impact in Engineering Outcomes: A Diagrammatic Aid to Analysis [J]. Social Studies of Science (SAGE, London, Newbury Park and New Delhi), 1991 (21): 229 – 231.

[217] Vincenti, W. G. The Scope for Social Impact in Engineering Outcomes: A Diagrammatic Aid to Analysis [J]. Social Studies of Science (SAGE, London, Newbury Park and New Delhi), 1991 (21): 198.

[218] Walsh, J. P. , Ungson, G. R. Organizational Memory [J]. The Academy of Management Review, 1991, 16 (01): 57 – 91.

[219] Walter, G. Vincenti. What Engineers Know and How They Know It: Analytical Studies from Aeronautical History [M]. Baltimore and London: The Johns Hopkins University Press, 1990: 48.

[220] Walter, G. Vincenti. What Engineers Know and How They Know it:

Analytical Studies from Aeronautical History [M]. Baltimore and London: The Johns Hopkins University Press, 1990: 207 – 224.

[221] Walter,G. , Vincenti. What Engineers Know and How They Know It [M]. Washington: The Johns Hopkins Press, 1990.

[222] Wang,H. K. , Y. F. Yen, J. F. , Tseng. Knowledge Sharing in Knowledge Workers: The Roles of Social Exchange Theory and the Theory of Planned Behavior [J]. Innov-Manag Policy, 2015, 17 (04): 450 – 465.

[223] Watts, A. D. , Hamilton, R. D. Scientific Foundation, Organization Structure, and Performance of Biotechnology and Pharmaceutical Firms [J]. Journal of High Technology Management Research, 2011, 22 (02): 81 – 93.

[224] Willette, S. E. A. Q. Methodology Study of Complex Adaptive System Emergence in the Defense Acquisition Structure [D]. Minnesota: Walden University, 2014.

[225] Wu,Chuni. Knowledge Creation in a Supply Chain [J]. Supply Chain Management, 2008, 13 (03): 241 – 250.

[226] Wu Shaoyan. Collaborative Knowledge Creation in Construction Supply Chain Based on Emergence Theory [C]. 2008 IEEE Symposium on Advanced Management of Information for Globalized Enterprises, aMiGe, Tian jin, China, 2008.